De l'aube au crépuscule...

Quand M. Toulemonde reçoit des signes de l'Au-delà

Christophe

BRESNEL

De l'aube au crépuscule…

Quand M. Toulemonde reçoit des signes de l'Au-delà

TEMOIGNAGE

© 2019 Christophe Bresnel

Illustration : Christophe Bresnel

Autre coopérateur : Alex Bresnel

Correctrices : Andrée B. / Virginie D.

Edition : BoD – Books on Demand

12/14 rond-point des Champs Elysées

75008 Paris

Imprimé par BoD – Books on Demand, Norderstedt

ISBN : 9782322127528

Dépôt légal : Janvier 2019

À mon Pouléou
À ma famille
À mes amis

Préface

L'histoire de ma vie, ça pourrait être la vôtre. Peut-être même y trouverez-vous des points communs avec ce que vous vivez ou ce que vous avez vécu... Ce que vous allez lire, je vais le narrer avec honnêteté. Vous pourrez choisir de me croire ou pas.

Je suis comme vous, ni plus, ni moins. Probablement comme beaucoup d'entre vous, j'ai toujours été curieux de savoir : « Y a-t-il une vie après la vie ? Que devient-on une fois mort ? Est-ce la fin et tout s'arrête ? Devient-on autre chose ? Retrouve-t-on les personnes qu'on a tant aimées ?». C'est très humain de penser à ça, rien de plus normal. Mais qui peut m'apporter les réponses à ces questions ?

Probablement comme beaucoup d'entre vous, j'ai posé la question à mes parents quand j'étais petit. Sans baigner dans le spirituel, ma mère nous a toujours expliqué, depuis qu'on est petits, ma sœur Cendrine et moi, qu'on ne peut pas vivre toute sa vie, aimer ses enfants, aimer son époux, sa famille, ses amis et mourir sans qu'il n'y ait plus rien après.

Inconsciemment, déjà à cette époque-là, elle nous faisait comprendre que la vie ne s'arrête pas à la mort. Cette façon de penser, sans savoir pourquoi, j'en ai toujours eu l'intime conviction. La mort restait, probablement comme dans beaucoup de familles, un sujet à éviter le plus possible. La priorité était de penser à la vie uniquement. Un sujet tabou... La mort, il ne faut pas en parler... C'est un sujet porte-malheur... Voilà, c'est ça ! C'est comme si le fait d'en parler attirait le mauvais œil ! Et en parler avec des enfants, encore moins !

En règle générale, c'est effrayant pour les enfants de leur parler d'esprits, de fantômes ou de revenants. Les enfants sont impressionnables et leur peur est décuplée. Je me souviens que, tout petit, mes parents n'hésitaient pas à évoquer M. Le Vent comme une menace si je ne m'endormais pas rapidement. De petits riens me terrorisaient. Certaines chansons qui me paraissent aujourd'hui innocentes m'effrayaient grandement à l'époque. Tout le monde s'accordera à dire qu'il n'y a pas plus terrorisant que l'enchevêtrement de voix aigües et graves d'Henri Salvador dans la chanson *J'aime tes genoux* sortie en 1974. Ou même la chanson terrifiante de Carlos intitulée *Le bougalou du loup-garou* sortie en 1976.

Ma sœur Cendrine m'avait raconté, enfant, qu'une nuit, elle avait très soif et était descendue se chercher un verre de lait dans la cuisine. Elle avait entendu chuchoter : « Cendrine… Cendrine… » à deux reprises. Et sa réaction fut de s'enfuir à toutes jambes, remontant l'escalier quatre à quatre pour se cacher sous ses draps et ne plus en sortir jusqu'au petit matin.

Lorsqu'elle m'avait raconté cette anecdote, j'en avais éprouvé une peur bien naturelle pendant des années et j'espérais que ça ne m'arriverait jamais !

Pourtant, comme certains d'entre vous, lorsque j'étais adolescent, avec des amis, on a joué à faire une ou deux fois des séances de spiritisme… On s'enfermait dans la chambre de ma sœur, volets baissés, un voile de couleur rouge posé au-dessus de la lampe de chevet, histoire de créer une ambiance surnaturelle. On improvisait une table Oui-Ja avec des lettres de scrabble et un verre à pied retourné. Complètement inconscients de la gravité des faits, on « touchait à quelque chose de paranormal » et on s'amusait à se faire peur... C'est fascinant pour les ados de toucher au monde des Esprits. On a envie d'y croire et ça procure un sentiment de puissance quand des choses se produisent... Nous étions simplement inconscients et irresponsables. Avec le recul et mon expérience, je déconseille fortement à quiconque de se livrer à ce genre de pratiques. Développer sa médiumnité ne se fait pas au hasard, encore moins sous la forme d'un jeu.

L'adolescence est une période délicate, un passage difficile entre l'enfance et l'âge adulte, une période de vie vécue de façon instable pour la majorité des personnes concernées. Le développement médiumnique nécessite d'être fort psychologiquement pour avoir un cadre bien défini. Toucher au monde du paranormal, c'est croire en l'au-delà et savoir faire confiance aux Esprits protecteurs, aux Anges Gardiens, aux Guides, peu importe la façon dont vous voulez les appeler.

Les années passèrent et comme beaucoup d'entre vous, je me suis focalisé sur ma vie d'adulte et je souhaitais en faire une réussite. Les questions existentielles, je ne me les posais plus. J'avais d'autres priorités beaucoup plus concrètes à traiter. Je me détachais peu à peu de la spiritualité. Jamais entièrement bien sûr, et du peu que je m'en souvienne, dès que je pensais à la mort, j'avais peur. La seule issue à l'ignorance, c'est la peur. L'inconnu est déstabilisant. Il ouvre la porte à l'imagination et tous les aspects négatifs que cette dernière peut engendrer.

C'est sans aucun jugement et avec bienveillance que je veux vous apporter mon témoignage avec pour seul objectif de vous rassurer. Si ça m'est arrivé, pourquoi pas à vous ? Et si la clef était de savoir prêter attention ? Il ne s'agit pas d'en faire une obsession et de voir des signes partout, bien sûr ! Sinon, notre vie pourrait vite devenir insupportable. Mais garder une ouverture d'esprit pour savoir recevoir ces signes… Pourquoi ? Parce que bien souvent, ils nous aident à y voir plus clair dans nos vies, ils nous aident à progresser et à évoluer de façon positive.

Le monde de l'au-delà est un sujet passionnant, on ne peut pas le nier. Certains en ont peur et ne veulent ni en discuter ni en entendre parler. C'est souvent ceux-là qui estiment qu'après la vie, il n'y a plus rien. C'est la fin, le néant et puis c'est tout ! Comment peuvent-ils être certains de cela ?

Comment peuvent-ils être aussi catégoriques ? Bien entendu, c'est commode de penser que « mort = néant ». Ça laisse le champ libre pour faire tout et n'importe quoi dans sa vie, d'une certaine manière. C'est le plus court chemin qui autorise à penser : « On n'a qu'une vie alors j'en profite ! Je fais ce que je veux et peu importe les conséquences puisqu'il n'y a plus rien après ! ». Mais ça ne laisse aucun espoir. Aucune perspective de retrouver toutes ces personnes qu'on a aimées, aucune possibilité de continuer la vie, d'une autre manière, dans d'autres lieux. Quelle tristesse !

On peut se poser la question : pourquoi vouloir une évolution spirituelle ? Pourquoi tendre vers un développement personnel ? Evoluer spirituellement fait du bien dans sa propre vie et, par ricochet, dans la vie des autres. Soyez heureux et les personnes qui gravitent autour de vous le seront.

Pourquoi ai-je eu la chance de recevoir des signes de l'au-delà tout au long de ma vie et pourquoi d'autres n'en recevraient-ils pas ? Si je ne veux pas avoir peur, je dois avant tout m'informer. J'ai lu une multitude d'auteurs qui m'ont amené à comprendre et à dompter ma peur, voire à l'annihiler. Je vous souhaite de connaitre le même éveil spirituel que moi. Evoluer dans sa spiritualité, c'est prendre conscience qu'un bien-être est à notre portée si on le veut vraiment.

Souvenirs d'enfance

Je suis né au beau milieu des années 70, par un été de canicule, dans le nord de la France. C'est dimanche et mes parents passent la journée en famille, chez mes grands-parents paternels. Famille nombreuse puisque ma grand-mère a mis au monde 7 enfants. Ils habitent une maison coquette à l'entrée d'un petit village, 10 mètres après celle du vendeur de feux d'artifice, farces et attrapes en tout genre. Devant la barrière par laquelle on passe pour accéder à la cour intérieure qui mène à la porte d'entrée, s'étalent de splendides giroflées couleur feu et soleil. En arrivant chez eux, le parfum des fleurs embaume l'air qui les entoure.

Dans l'écrasante chaleur de cet après-midi d'été, mon père dispute une partie de pétanque avec ses frères et leur père. Près d'un petit aérodrome situé non loin de là, le terrain adjacent se prête à merveille à ce loisir dominical. Les hommes jouent donc à la pétanque tandis que les femmes discutent et regardent les petits avions décoller. Dans le vaste azur se balancent les parachutes de gauche et de droite semblables aux petites aigrettes blanches de la fleur de pissenlit quand on souffle sur elles et qu'elles se dispersent ici et là.

La partie est joyeuse et animée. On a de sacrés trublions dans la famille !

Soudain, ma mère ressent les premières contractions et invite mon père à l'emmener au plus vite à la maternité. La partie de pétanque n'est pas finie et mon père veut impérativement la terminer. Non mais dis donc ! C'est de mon arrivée qu'il s'agit ! Mon père et le sens des priorités… Heureusement, ma grand-mère intervient pour le convaincre de faire vite. En chemin pour la maternité, mes parents croisent ma grand-mère maternelle et l'une de mes tantes qui ne croient pas ma mère lorsque celle-ci leur annonce qu'elle a des contractions. Comptez sur le soutien de la famille !

Ma mère met au monde ce 17 août, à 22h20, un petit bébé de 2kg550 pour 46cm.

Ma petite enfance ? Simple et relativement heureuse. Nous habitons dans une petite ville du nord de la France, à la frontière de la Belgique, au cœur d'une petite cité composée d'une dizaine de maisons. Ma sœur Cendrine (de 2 ans mon ainée) et moi ne manquons de rien, sans être gâtés pourris. Nous ne baignons pas dans l'opulence mais nos besoins prioritaires sont pourvus. Mon père est pontier puis agent de maintenance en industrie. Ma mère est femme au foyer et élève ses deux enfants. Quand nous serons un peu plus grands, elle travaillera comme « femme de ménage » en industrie et chez des particuliers afin d'arrondir les fins de mois difficiles. Elle me racontera plus tard que, femme de ménage dans une entreprise de fabrication de haut-parleurs, elle prenait plaisir à participer à l'assemblage des petites pièces qui composaient ces enceintes.

D'aussi loin que je me souvienne, je suis un enfant très sensible. Sensible aux odeurs, à la beauté des objets, aux goûts, aux mélodies… Je me sens particulièrement triste quand, à la télévision, je vois les hommes volants de Folon planer dans les airs sur Antenne 2. C'est surtout la musique qui accompagne ce générique qui provoque en moi cette grande tristesse. La profonde et douloureuse composition de Michel Colombier, intitulée *Emmanuel*, m'émeut au plus haut point. J'apprendrai, des décennies plus tard, que Michel Colombier a écrit ce morceau suite au décès de son fils.

Mes parents m'ont offert le livre-disque du *Petit Poucet* avec en fond sonore la musique *Peer Gynt* de Grieg. Quand je place le saphir de mon tourne disque sur la galette de vinyle (je conseille aux fœtus, je me permets d'emprunter cette expression à Muriel Robin que j'admire, d'aller voir sur Wikipedia ce qu'est un tourne disque, un 45 tours et comment ça fonctionne), je suis envouté par la musique classique de fond qui m'emporte comme dans un rêve. Ce sont surtout les deux titres intitulés *Au matin* et *Dans l'antre du roi de la montagne* qui sont les plus connus. Entièrement immergé dans ce conte, je vis avec eux les mésaventures du Petit Poucet et de ses frères. Les émotions dégagées à la fois par l'histoire et les envolées mélodiques me touchent réellement au cœur, me remuent l'estomac. Je ne cesse de repasser le disque en boucle. Encore maintenant, je peux raconter, mot pour mot, l'histoire telle que Christiane Minazzoli l'a enregistrée. Puis-je seulement comprendre à l'époque que, symboliquement parlant, je me sens probablement perdu et j'ai bien besoin de petits cailloux blancs pour retrouver mon chemin ?

Dans les années 70, trois chanteuses majeures sont en compétition pour attirer les faveurs d'un public d'enfants :

Chantal Goya, Annie Cordy et Dorothée. Je plébiscite de loin les facéties d'Annie Cordy. Sans savoir pourquoi, dès que je la vois à la télévision, je me sens bien. Cette femme est un vrai soleil, une telle énergie ! Elle représente, à mes yeux, l'humour, la franche rigolade, la joie mais aussi une capacité incroyable à émouvoir les autres. J'ai environ 5 ans lorsqu'un midi, elle entonne sur TF1 dans l'émission « Midi Première » présentée par Danièle Gilbert *Ma plus jolie chanson*. Je pars me cacher sous la table de la salle à manger et pleure à chaudes larmes, ressentant chaque mot chanté par Annie avec gravité. Si ça, ce n'est pas la réaction d'un enfant ultra-sensible, les nerfs à fleur de peau !

Les précieux et merveilleux souvenirs de mon enfance que je garde en mémoire sont des moments simples.

Le matin, je me lève vêtu de mon pyjama blanc à petites fleurs bleues, héritage transmis de ma sœur Cendrine qui ne peut plus le porter parce qu'il est devenu trop petit pour elle. Je sors de ma chambre, dévale l'escalier et part m'installer sur une chaise, dans notre petite cuisine, essayant tant bien que mal de me réchauffer, les mains tendues vers le four dont la porte est grande ouverte. C'est l'une des solutions que ma mère, que j'appelle aujourd'hui Mum, a trouvée pour réchauffer rapidement cet espace. Nous n'avions pas de moyen de chauffage hormis un poêle à mazout situé dans la salle à manger. Pas de chauffage central à l'époque ! Heureusement, l'essentiel est là. Et l'essentiel, ce sont des choses simples mais sources de grand bonheur quand on sait les apprécier. La délicieuse odeur des tartines glissées dans les cales de notre vieux grille-pain Moulinex infiltre mes narines. Le goût du beurre fondu sur les tranches parfois trop grillées, c'est à se damner !

A l'école maternelle, l'après-midi, la « maitresse » nous impose la sieste sur des tapis de judo. Avant de dormir, on nous tend un verre de tisane, une infusion à la camomille ou à la verveine que je bois volontiers. C'est sucré, c'est chaud, un goût sans pareil. Mais il me semble que ce n'est pas très efficace. La sieste, en vérité, ça me fatigue ! Ce n'est que bien des années plus tard, quand on entre dans la vie active, qu'on regrette que des siestes ne nous soient pas imposées au boulot ! J'ai lu quelque part que certains chefs d'entreprise proposent à leurs employés 20 minutes de sieste en début d'après-midi et que les résultats sont très encourageants quant à la productivité et à la créativité qui augmenterait de 35%. Cela permet également de ressentir une harmonie, moins de nervosité et une meilleure humeur des équipes. Finalement, pas besoin de matériel pour instaurer un mieux-être dans le monde du travail à l'heure actuelle !

Les jours d'automne, en revenant de l'école, main dans la main avec maman, nous marchons sur un tapis de feuilles de platanes, rouges et or. Leur arôme divin traverse mes narines. Cette odeur puissante et particulière de feuilles mortes et de terre m'enivre et sera, tout au long de ma vie, ma madeleine de Proust.

De retour à la maison, j'éprouve une grande fierté quand je scande « Regarde, Maman, ce que j'ai gagné ! » tout en brandissant la petite image obtenue, résultat du bon travail fourni : c'est le dessin d'une jolie grappe de raisin noir. Une dernière et je pourrai échanger mes dix petites images contre la grande que je convoite depuis quelques semaines déjà : celle du Petit Poucet avec l'histoire racontée au dos... Des images, j'en ai un cahier plein ! Sans me vanter, je suis plutôt bon élève, dans le peloton de tête, même ! Au moins jusqu'au lycée...

J'apprends à lire grâce au livre *Tit Pom* de René Jacquenet. Les merveilleuses illustrations, même faites de banals collages, restent splendides de simplicité et entretiennent mon imagination. Elles me font rêver de nature, de paysages de montagnes et de neige, de sapins et de chalets... Les vacances à la neige, ce ne sera jamais d'actualité à la maison. Ça coûte trop cher et on n'a pas les moyens. Mais ça ne m'empêche pas de rêver et de m'imaginer vivre des aventures merveilleuses... Ces vacances à la neige, je les ai vécues par la pensée.

Arrive alors décembre et c'est la période de l'année que je préfère : Noël ! (voir photo en pages centrales)

Maman monte au grenier et va chercher des barils de lessive vides qu'elle a récupérés pour s'en servir de bacs de stockage. C'est une avant-gardiste ! Le recyclage est déjà d'actualité à la fin des années 70 dans notre foyer ! Elle les a remplis, l'année précédente, de longues guirlandes féériques argentées et dorées ainsi que de figurines étincelantes. Parmi toutes, un petit père noël en verre givré plutôt rose que rouge, la couleur ayant passé avec les années. Son aspect glacé me fascine et attise ma gourmandise car il me rappelle les petits pères noëls en chocolat enrobés de papier brillant. J'aime également contempler le visage dodu d'un père noël aux joues rouges, tout sourire, qu'entoure une couronne de branche de sapin artificiel sur laquelle s'étend une guirlande lumineuse clignotante. Lorsque nous décorons le sapin, ma mère nous demande de poser des petits bouts de coton sur les branches. A mes yeux, ce petit stratagème me permet de rêver et d'imaginer que la neige s'est invitée à la maison. Ma mère ne le savait pas à l'époque mais elle était la magicienne qui, avec autant de petites astuces, a su éblouir nos yeux d'enfants. Je me précipite ensuite devant la télé lorsque retentit soudain le générique extraordinaire des « Visiteurs de Noël », interprété d'abord par Michel Vallier quand j'ai 3/4 ans puis par Marie Myriam quand j'ai 5/6 ans. L'odeur de la résine du sapin envahit la pièce. Je mords à pleines dents dans ma cougnole (une brioche en forme de petit Jésus emmailloté qu'on appelle également « pain de Jésus »). Un bon bol de chocolat fumant est posé devant moi. Je me délecte des aventures de Scoubidou, du Capitaine Caverne et du Club des cinq.

Noël passé, combien je profite de moments d'insouciance devant la télé à regarder Récré A2, un BN à la main... Je savoure mon verre de Tang à l'orange.

Quelques mois plus tard, les beaux jours reviennent et, dès que le soleil se fait plus présent, j'enfourche mon petit vélo bleu et blanc, et, à coup de nombreuses allées et venues devant la maison, m'invente des voyages extraordinaires dans des pays inconnus mais ô combien fascinants. Mon père a fixé de part et d'autre les deux petites roues blanches supplémentaires à ma roue arrière pour me permettre de garder l'équilibre. Parfois je croise nos deux chats Moustique et Poupette, l'un tout noir, l'autre noire et blanche. Bizarrement, sous le toit de notre mère, nous aurons toujours des chats qui s'appelleront Moustique et/ou Poupette !

Quand je sors non loin de la maison, dans les champs et les pâtures, je m'invente, une fois encore, tout un monde d'aventures. J'aime courir dans les hautes herbes et prends plaisir à scruter l'abeille posée sur le bouton d'or, la coccinelle si jolie et délicate quand elle prend son envol... Je me contente des petits bonheurs au quotidien. Avec le recul, je me dis que c'est vraiment ça, le bonheur. Quand on est enfant, ce sont ces petits détails qui nous sont précieux et que l'on garde au fond du cœur toute notre vie. Des moments tout simples. Des purs moments d'enchantement...

Je suis peut-être un enfant très sensible mais ça ne m'a jamais empêché de faire les pires bêtises !

Mon oncle et ma tante (Tata Yoyo dont je vous parlerai un peu plus tard !) sont venus passer la soirée à la maison avec mes trois cousins : Franz, Marie-Cécile et Freddy. Lorsque mes parents les raccompagnent à la porte une fois la soirée terminée, j'ai 4 ou 5 ans quand, en cachette, je verse la fin de la bouteille de pétillant dans un verre à moutarde Goldorak (recyclage oblige !). Le verre est totalement rempli et je le vide cul sec ! Les effets ne se font pas attendre... Quand ma mère me rejoint et remarque que je n'ai pas l'air de me sentir bien, je me mets à pleurer et, pris de soubresauts, je scande « Marie-Cécile, elle m'aime pas ! Marie-Cécile, elle m'aime pas ! ». Voilà comment s'est déroulée ma première cuite !

Enfant, j'ai toujours eu un rapport particulier avec la nature. Courir dans les prairies, marcher dans les feuilles d'automne... La vie de sauvageon, quand on est enfant, est attirante... Lorsque nous sommes chez nos trois cousins Franz, Freddy et Marie-Cécile, Cendrine et moi jouons au Club des cinq ! Je suis François le meneur de la bande, Freddy est Mick, Marie-Cécile est Claude le garçon manqué, Cendrine est Annie la timide et Franz est Dagobert le chien ! Que de parties de plaisir à jouer et à vivre tous ensemble des aventures rocambolesques ! On trouve ça amusant d'aller déposer des pétards dans les serrures des voisins, d'en allumer les mèches et de nous débiner à toute berzingue... Sans aller trop loin, bien sûr ! Le plaisir est d'entendre rouspéter tout en se sachant en sécurité.

Les années passent et l'ambiance n'est pas toujours au beau fixe à la maison. Les disputes entre mon père et ma mère se multiplient. Ils se jettent toutes sortes d'injures et autres noms d'oiseaux à la tête. Un beau jour, c'est une assiette de choucroute qui vole à la tête de mon père ! Après coup, cette vision des saucisses et des filaments de chou qui pendent dans les embrases du rideau séparant la salle à manger de la cuisine nous fera mourir de rire ! Mais sur le moment, on en mène pas large !

La situation devient de plus en plus pénible. L'enfance est violente, elle laisse des blessures émotionnelles qui vous marquent pour le reste de votre vie.

J'ai 7 ans. Ma mère prend conscience que nous ne serons pas heureux si ça continue comme ça et elle décide de demander le divorce, non sans nous en toucher deux mots au préalable. Elle nous demande notre avis et nous fait réaliser que la vie sera plus agréable si nous savons lui faire confiance. J'ai confiance en elle et je sais qu'elle a raison. Cendrine se met à pleurer.

- Que se passe-t-il, ma chérie ? lui demande ma mère. Tu es triste qu'on laisse Papa seul ?
- Non, je pleure parce que je suis heureuse de partir..., répond-elle, soulagée.

Nous allons vivre tous les trois dans un petit appartement, un peu plus au sud de la ville. Cendrine et moi allons tous les quinze jours passer le week-end chez notre père. A l'aube des années 80, une nouvelle vie commence...

Un enfant des 80's

Les années 80. Comme j'ai aimé cette décennie ! À mes yeux, ces années sont avant tout marquées par la musique et par des chanteurs emblématiques. *Billie Jean* de Michael Jackson est le premier 45 tours que je m'offre avec mon argent de poche. Quelques mois plus tard, il sort un autre tube, *Thriller*, et la diffusion de son clip dans l'émission de Michel Drucker « Champs Elysées », me terrifiera, comme beaucoup d'enfants de l'époque, pendant de nombreuses années.

Notre ville est à la frontière de la Belgique. On est au début de l'année 1984, j'ai 7 ans et au CE2, l'institutrice décide de nous faire participer au défilé annuel de la ville « La 19ème parade des frontières » (devenue depuis « Parade sans frontière »). « La parade des frontières », c'est l'occasion pour les enfants et les adultes, de la ville et des environs, de former des groupes à thèmes. Chaque 1er mai, toutes sortes d'associations et de groupes défilent dans les rues de la ville devant les nombreux spectateurs. Ils terminent la journée par une mise en scène sur la place principale, un petit spectacle qu'on nomme le rondeau final. Les groupes récurrents sont le groupe des « Fauvettes », les majorettes de la ville avec leurs jolies plumes d'autruche aux couleurs flamboyantes, les Gilles de Binche et leurs fameux lancers d'oranges, les fanfares, les troupes de danseurs, les hommes-singes qui courent après les femmes et les enfants pour les plonger dans la cuve à confettis sur la musique d'*Il était une fois dans l'ouest,* entre autres...

Le thème choisi par notre institutrice est : *Thriller* de Michaël Jackson ! Et le dimanche 1er mai 1983, je deviens moi-même un zombie affreusement grimé et attifé de guenilles, une dentition en plastique de vampire dans la bouche... Curieuse idée pour un zombie ! J'ai même droit à mon propre petit cercueil dans lequel il faudra que je m'allonge et que je m'enferme pour le rondeau final (voir photo en pages centrales) !

En 1984, Madonna chante *Like a virgin et* fait partie aussi de mes préférences musicales. Pia Zadora et Jermaine Jackson sortent la même année *And when the rain begins to fall...* Un beau jour, lors d'une visite chez tata Yoyo (ça ne s'invente pas !), je découvre leur clip vidéo. J'ai les yeux fixés sur l'écran de télé, ébahi par la beauté et la voix de

Jermaine et non de Pia. C'est à ce moment précis que je comprends que je serai « différent ». Oui, autant que vous le sachiez tout de suite : je suis gay ! Ça ne change pas grand-chose au sujet de ce livre. Si vous êtes en train de le lire, c'est que vous avez une certaine ouverture d'esprit (voir photo en pages centrales).

Enfant de la télé (je ne peux plus le nier), mes souvenirs, à cette période-là, sont les samedis soirs devant Disney Channel sur FR3. J'ai 10 ans et je me délecte de me rendre dans la forêt des rêves bleus pour aller rejoindre Winnie l'ourson, Porcinet, Coco Lapin, Tigrou et maitre Hibou en réel... Cette émission, présentée par Jean Rochefort, m'enchante car ce n'est pas du dessin animé mais les personnages en vrai ! Et à 10 ans, j'y crois encore... Après Winnie, c'est un épisode de Zorro qui me barbe un peu parce que c'est en noir et blanc et que je n'en connais pas encore les charmes...

Je prends aussi plaisir à regarder les séries américaines et surtout les super-héros. Je frissonne dès que j'entends la petite musique aigüe de l'Incroyable Hulk quand David Banner commence sa transformation en monstre à la peau verte... Dieu, ce que Bill Bixby et Lou Ferrigno peuvent être effrayants avec leurs yeux blancs et leurs grognements de monstre épouvantable !

Place à la classe et l'élégance quand Lynda Carter, splendide dans son costume rouge et or, tourne gracieusement sur elle-même et se transforme en Wonder Woman... J'envie Steve Austin et Super Jaimie, et je rêve qu'un jour une opération chirurgicale fera de mes bras et de mes jambes des membres bioniques et que je pourrai, moi aussi, courir au ralenti...

Finalement, ma mère nous fait découvrir une toute nouvelle série, Dallas, qui nous scotche ma sœur et moi au fil des épisodes... Argent, trahison, intrigue...

Dans la même veine arrive ensuite Santa Barbara... Argent, trahison, intrigue... Oui, nous sommes bien dans les années 80 !

Enfant des eighties, je découvre aussi la couleur fluo. Le jaune fluo est ma couleur préférée. J'adore ! J'aime aussi le rose fluo mais ça fait « pédé ». Et pourtant, ça ne m'empêche pas de piquer le foulard transparent rose fluo de

Cendrine. A 11 ans, seul dans ma chambre, je minaude, foulard autour du cou, tout en faisant des chorégraphies sur la chanson *Two of hearts* de Stacey Q. Je fais attention de ne surtout pas me faire surprendre. Ce que je fais, c'est mal ! Il ne faut surtout pas être différent de ce que l'on est supposé être. Il faut correspondre, se conformer à ce que les autres ont comme vision de nous ! La liberté qu'on a quand on est enfant, l'environnement familial et la société vous informe très vite que vous devez la perdre, soi-disant pour votre bien.

Plus je grandis, plus je m'éloigne de la spiritualité. Baptisé à ma naissance, j'avais suivi les cours de catéchisme pendant mon enfance. Je fais ma 1ère communion puis ma communion solennelle (voir photo en pages centrales). Quand on vous dit qu'*«aimer quelqu'un du même sexe, c'est pas bien !»*, forcément, on apprend à se détester. Et je m'en donne à cœur joie. Pré-ado, je prends du poids, un peu, beaucoup... Je ne me sens pas bien dans ma peau.

Mes années collège et lycée sont destructrices pour moi physiquement... Plus on se « mochise » (je me permets d'emprunter cette expression à Florence Foresti que j'admire aussi beaucoup), moins on a de chance d'être aimé.

C'est ça qui est absurde et qu'on ne comprend pas à cet âge-là. Je veux qu'on m'aime pour ce que je suis au fond de mon cœur, pas pour ce que je suis physiquement. Et bien sûr, je n'attire personne. L'adolescence est violente, elle laisse des blessures qui restent gravées dans votre esprit pour le reste de votre vie.

Puis vers la fin des années 90, j'attaque mes études post-bac et je commence à changer. Il est temps ! Je m'impose des diètes sévères mais je m'en contrefiche... Je vis seul, j'ai ma chambre d'étudiant et j'apprécie la vraie indépendance. Je fais ce que je veux et je commence à enfin m'épanouir. Je fais mes études d'anglais et en parallèle, j'ai un petit boulot. Je fais du babysitting. Je garde les enfants de mes propriétaires. En parallèle, je travaille dans un fast-food afin d'arrondir les fins de mois.

C'est impressionnant à quel point le mental se transforme quand notre physique change. Résultat : j'ai ma première « histoire d'amour » : j'y crois à fond. Dès le début, j'idéalise et me dis que c'est pour la vie. Deux jours après, c'est terminé.

Ma seconde « histoire d'amour » : j'y crois encore plus. Cette fois-ci, c'est la bonne, je le sens. Je me fais plaquer au bout de 2 mois ! Voilà pourquoi je ne m'étendrai pas en détails sur ces premières expériences. L'amour véritable frappera-t-il un jour à ma porte ? Est-ce que je mérite d'être heureux ? A-t-on le droit d'accéder au bonheur quand on est différent, quand on se sent anormal ? Que faire pour ne pas se tromper quand on pense avoir trouvé l'amour véritable ? A toutes ces questions, l'avenir allait me répondre.

La rencontre de ma vie

Au début des années 2000, je travaille dans un McDo à Lille. Je peux ainsi payer mes études, mon logement, mes repas. Je deviens totalement autonome et j'adore ça, même si je m'éloigne de ma famille et qu'elle me manque. Mais je pense enfin à moi et je veux réussir ma vie : ce qui veut dire avant tout « réussir ma vie amoureuse ». J'ai quand même postulé pour aller travailler au Disney Store. L'ambiance de ce magasin est sympa et je m'y verrai bien en tant que vendeur. Et même si je n'ai pas fait d'études de vente, c'est un secteur professionnel dans lequel je me sens parfaitement capable de m'intégrer. L'expérience McDo m'aura permis de sortir de ma timidité et d'être plus audacieux. J'ai acquis une facilité de parole, de la confiance en moi et je sens que ce sont des qualités essentielles à la vente. Et je n'ai pas envie de retourner des steaks hachés et de secouer des paniers de frites toute ma vie.

Ça fait 6 mois à peu près que je sors péniblement d'une dépression. Le deuxième échec amoureux vécu, je l'encaisse vraiment très mal. Je ne m'attends plus à rien et je n'attends surtout plus rien de la vie. S'il est une leçon à tirer suite à cette épreuve, c'est qu'en amour, il est très important de continuer à se respecter, garder sa propre personnalité et ne pas avoir peur de dire ce qu'on aime dans la vie quand on est en couple. Vouer sa vie à l'autre et tout faire en fonction des goûts de l'autre, c'est être soumis et on en oublie soi-même d'exister. Plus jamais je ne commettrai cette erreur, si je trouve le véritable amour un jour...

Quasiment tous les soirs, après le boulot, je sors avec mes amis du McDo en boite de nuit, au Flibustier. Je rattrape mon adolescence et mes soirées s'éternisent jusque 4 heures du matin, dès la fermeture du « Flib ». On n'en reste pas là, évidemment, et on joue les prolongations chez les uns, chez les autres, pour prendre un dernier café, se raconter nos vies et refaire le monde...

Le soir du 31 janvier au 1er février 2001, je suis au Flibustier. Alex est là. Je l'avais déjà croisé à plusieurs reprises les mois précédents, sans raison apparente. Je l'ai rencontré la première fois au Disney Store ; c'est à lui que j'avais déposé ma candidature. Je l'ai ensuite rencontré à la Fnac, devant la B.U. (bibliothèque universitaire), au McDo pendant que je travaillais. Et la seule fois de ma vie où j'étais allé dans une boite gay, à l'Apollon… J'avais confirmation qu'il était gay. Mais il avait quelqu'un à l'époque… La guigne ! A croire qu'on le met volontairement sur mon chemin. Ce soir, il est sur le podium du « Flib », il chante… Il participe au concours de karaoké qui a lieu au moins une fois par semaine…Il faut dire qu'il a une très belle voix et il se met à entonner *D'amour ou d'amitié* de Céline Dion. Je sais, ça fait super cliché, Céline Dion, mais c'est exactement comme ça que ça s'est passé ! En 2001, cette chanson a déjà bientôt 20 ans mais j'avoue que je ressens encore des choses aujourd'hui en entendant les paroles et la mélodie…

Il est si près de moi
Pourtant je ne sais pas…
Comment l'aimer,
Lui seul peut décider
Qu'on se parle d'amour…
Ou d'amitié,
Moi je l'aime et je peux lui offrir ma vie
Même s'il ne veut pas de ma vie…

Surtout qu'en chantant cette chanson, Alex ne cesse de me regarder... pas besoin pour lui de regarder l'écran, il connaît les paroles par cœur. Je me dis : *« Il doit avoir une coquetterie dans l'œil... S'intéresser à moi ? Je n'y crois pas. Ce n'est pas possible... »* Après deux échecs amoureux, on n'a plus d'estime de soi. Aux oubliettes, la confiance !

Vers 4h du matin, le Flibustier s'apprête à fermer ses portes quand Alex se dirige vers Freddy que je surnomme Kiki, un collègue et ami. Je l'ai appelé Kiki parce qu'il a la même coupe de cheveux que « le Kiki de tous les Kikis ». Alex lui tend un papier... Kiki m'annoncera, dépité, quelques minutes plus tard :

- *Mince ! Pour une fois que quelqu'un me donne son numéro de téléphone, c'est un mec ! »*.

Devant mon air interrogatif, Kiki enchaine :

- *Alex !!! tu vois qui j'veux dire ? Le gars qui chante tout le temps au karaoké, mon concurrent direct ! »*.

Même dans les années 2000, on adore chanter les chansons des années 80 et Kiki prend plaisir, quand il chante *Les démons de minuit*, à pousser la note au maximum comme le faisait Mario, le leader du groupe « Images ». Dès que quelqu'un monte la note plus haut que lui, Kiki le considère comme une menace sérieuse.

Je me dis *« Il se fiche de moi, ce mec ? On est gay tous les deux et il va donner son numéro à un hétéro ? Pffft…n'importe quoi ! »*. Bref, ce mec n'est pas fait pour moi, c'est sûr. Il est trop bête.

Comment pouvais-je deviner qu'Alex espérait secrètement que Kiki me passe son numéro de téléphone ?

Les astres, nos Bons Guides, nos Anges Gardiens (peu importe la façon dont on les appelle), vont vite se charger de nous faire comprendre que nous sommes bien faits l'un pour l'autre…

Le lendemain soir, je termine le boulot au McDo et je me sens très fatigué de ces virées nocturnes qui n'en finissent pas, même si je ressens le besoin de m'amuser. Je finis mes horaires peu avant minuit et j'ai décidé de rentrer chez moi pour me reposer. Ma meilleure amie Virginie, que j'appelle

Virgin eu égard au tube de Madonna *Like a Virgin*, va au Flibustier après le travail et me demande :

- *Tu viens avec moi, mon Chou ?*

Je lui avoue :

- *Franchement, ma Choute, je suis crevé. Pas cette fois. Mais je t'accompagne. Il fait nuit, hors de question que je te laisse faire la route toute seule !!*

On n'a pas de voiture à l'époque.

Devant le Flibustier, Virgin, persuasive, m'invite à *« boire un verre rapido ! »* … Merci à toi, ma Choute, si clairvoyante et si prévenante, tu as eu un rôle essentiel dans ma vie et, même si tu n'en avais pas conscience, tu as su influencer ma destinée.

Virgin et moi sirotons notre verre entourés d'amis qui nous ont rejoint. Nos discussions vont bon train, nos fou-rires s'enchainent. Virgin et moi, c'est depuis le début une jolie histoire d'humour… et d'amitié (voir photo en pages centrales).

Brusquement, mon regard est attiré vers l'escalier intérieur du « Flib » où je vois Kiki et Alex, assis côte à côte, discutant et rigolant à tout va. Je ne doute pas de l'hétérosexualité de mon ami Kiki mais je doute des « *intentions* » de mon futur amour ! Une petite voix dans ma tête me souffle : *« Bouge ton popotin, va le voir et discute avec lui ! »*. Cette petite voix s'est faite entendre à des moments clefs de ma vie. D'où vient-elle ? Je pourrais l'appeler mon Ange Gardien, mon Guide, mon Intuition, etc. Cette petite voix intérieure, je l'ai entendue à nouveau bien plus tard, à une période où, désespéré par une longue période de chômage qui s'annonçait, elle m'indiquait ce que j'allais devoir faire pour retrouver un emploi. Je reviendrai sur cette anecdote un peu plus tard.

Illico presto, je me dirige rapidement vers eux et propose maladroitement à Kiki :

- *Tu veux dormir chez moi cette nuit ? Je sais que tu n'auras plus de métro à cette heure. Tu ne vas pas dormir dehors, quand même ??!!*

Puis, je me tourne vers Alex :

- *Salut ! On s'est pas déjà vus ?*
- *Oui. Au Disney store. T'avais déposé une candidature pour y travailler et c'est moi qui t'ai reçu.*

La mémoire me fait défaut et là, j'avoue que je ne m'en souviens même pas !

Tout en finesse, je lui rétorque :

- *Oui, et pas que là !*

Habile façon pour moi de lui faire comprendre, en toute discrétion, que je l'avais vu à l'Apollon et que je savais par conséquent qu'il était gay. Il enchaine ses questions, j'enchaine les réponses. Il ne me lâche pas de la soirée. Je vais danser, il vient danser à mes côtés. Je vais m'asseoir, il vient s'asseoir. « *Est-ce possible qu'on s'intéresse enfin à moi ?* », je me mets à penser…

Le Flibustier s'apprête à fermer et je propose à trois de mes collègues et amis de venir boire un café chez moi : Kiki, bien sûr, Tonio (mon manager et ami précieux) ainsi que « Deux quatre deux ». « Deux quatre deux » et moi, on a le même prénom. Pour éviter les confusions au McDo, on s'appelle par notre matricule. J'invite également Alex qui accepte avec une joie non feinte de se joindre à nous.

En route vers mon studio ! Une fois arrivés, Alex m'aide à préparer le café. Il s'adresse à moi en m'appelant « *chéri* ». Il est comme chez lui, il fouille dans les armoires à la recherche des tasses, de la boite à sucre. Habituellement, j'aurais trouvé ça culotté mais là, je ne sais pas pourquoi, ça me plaît bien… et puis, lui, il sait sûrement déjà… Moi, en plein doute, je me dis que ce n'est pas possible, que je ne suis pas assez bien pour lui, que ça ne durera pas… Quand je vois où nous en sommes… 17 ans de vie commune !

Kiki termine son café et nous annonce :

- *Je m'en vais, je fais la livraison au McDo, je rentre chez moi prendre une douche et me changer puis je file au boulot.*

Tonio a de l'intuition et il comprend qu'il se passe quelque chose entre Alex et moi. Il est environ 7 heures du matin et il invite « Deux quatre deux » à nous laisser pour aller chercher de quoi petit déjeuner à la boulangerie et ramener tout ça chez moi ensuite. Deux quatre deux refuse et bougonne :

- *Il fait trop froid, on se les gèle, dehors !!*
- *Tu viens avec moi chercher les croissants !!!* rétorque Tonio, imperturbable.

Merci à toi, Tonio. Toi aussi tu as changé le cours de mon destin par ton discernement.

Je reste donc avec Alex dans mon studio. On discute, on attend sagement le retour des amis pour prendre ensemble le petit déjeuner. Les bras chargés de pains aux raisins, de croissants et de pains au chocolat tout chauds, Tonio et Deux quatre deux s'installent de part et d'autre de la table. Alex m'offre son pain aux raisins, me fait discrètement du pied, assis en face de moi. C'est à ce moment précis que je comprends qu'il se passe quelque chose de sérieux. Deux quatre deux et Tonio s'éclipsent dès la fin du petit déjeuner.

Alex et moi nous asseyons dans mon clic-clac. Nous échangeons notre premier baiser. *You're still the one* de Shania Twain passe en fond sonore et, comme pour immortaliser la gravité du moment présent, des flocons de neige se mettent à tomber…

Destin et constellations, les premiers signes.

Ça y est ! J'ai trouvé l'amour de ma vie, je le sens (une fois encore !). La différence, cette fois, c'est que je laisse venir les évènements comme ils se présentent et je décide de ne pas me poser de question. Je vais faire confiance à la vie, j'ai foi en mon destin. Est-ce cela qu'on appelle le « lâcher prise » ?

Nous sommes ensemble depuis quelques jours. Nous apprenons à nous connaitre. *« Où es-tu né ? Qu'est-ce que tu aimes dans la vie ? C'est quoi ton animal préféré ? Tu aimes les tagliatelles au saumon ? C'est quoi, ton signe zodiacal ? C'est qui ton chanteur ou ta chanteuse préférée ? »*

A cette dernière question, je dis à Alex :

- *J'aime beaucoup Des'ree.*

J'adore sa chanson *Life*. Sans en saisir véritablement le sens, les paroles sont un authentique hymne à la vie. C'est une chanson que j'ai très souvent écoutée avec ma tante

Carole que je vous présenterai un peu plus tard. C'est probablement la raison pour laquelle cette chanson est si précieuse à mes yeux.

I don't wanna see a ghost,

Je ne veux pas voir de fantôme

It's the sight that I fear most

C'est ce dont j'ai le plus peur

I'd rather have a piece of toast

Je préfère une tranche de pain grillée

Watch the evening news

Regarder les news à la télé

Life, oh life, oh life, oh life, doo doo doo do,

Life, oh life, oh life, oh life, doo, doo, doo

Alex me dit qu'il a vu un CD de Des'ree en promotion à la FNAC. Quand on est étudiant, il n'y a pas de petites économies…

Avant de nous y rendre, nous passons au tabac-presse. Je n'ai plus de cigarettes. J'en profite pour tenter la chance et j'achète deux tickets à gratter Astro. Les étoiles semblent alignées pour moi en ce moment, j'aurais peut-être aussi de la chance au jeu. J'ai déjà tout gagné et j'en veux toujours plus …

À la question sur son signe zodiacal, Alex me répond :

- *Poisson.*

Né un 19 février, il est à la jonction entre le verseau et le poisson. Je m'adresse donc à la buraliste :

- *Deux tickets Astro, s'il vous plaît. Un lion et un poisson.*

Je tends à Alex le lion à gratter et je garde celui du poisson…

En 2001, la monnaie en cours est le franc et je gagne ce jour-là trente francs (environ 5 euros pour les « fœtus » !) grâce à trois symboles identiques : la constellation. Trois symboles identiques parmi une multitude : Vénus, étoile, saturne, planète, soleil, lune, constellation… Il faut, en 2001, découvrir 3 symboles identiques pour espérer remporter la somme indiquée. Plus tard, 2 symboles identiques suffiront à gagner. Alex gagne vingt francs avec trois constellations…

Je gagne avec trois constellations et il gagne avec trois constellations !

Comme c'est drôle ! Ce doit être une coïncidence ! Mais je n'en fais pas un pataquès et je souris de cet heureux hasard.

Dans la foulée, nous partons pour la FNAC. Alex me guide jusqu'au CD de Des'ree qu'il a vu quelques jours auparavant. Cet album s'intitule *Endangered Species*. Sur la pochette, on peut voir le visage de Des'ree en transparence, sur fond bleu nuit, ainsi qu'une constellation d'étoiles qui s'étend largement sur sa joue gauche…

Comme c'est drôle ! Ce doit être une autre coïncidence ! Je me dis que le hasard fait bien les choses. Deux fois sur la même journée, ça fait bizarre quand même !

On sort de la FNAC. Je dois faire quelques courses chez Carrefour.

Alex me dit :

- *Mince ! J'ai oublié de prendre le CD d'Isabelle Boulay, j'adore sa chanson « Parle-moi ».*

Bon, moi, les chansons « déprime », ce n'est pas trop ma tasse de thé mais après tout, si je veux imposer mes goûts, je dois accepter les siens. Je le rassure en lui précisant qu'ils ont un rayon CD chez Carrefour et qu'il trouvera cet album à coup sûr. Effectivement, Alex trouve l'album d'Isabelle Boulay intitulé *Mieux qu'ici-bas*.

De retour chez lui, je lui dis en plaisantant :

- *Regarde bien s'il n'y a pas une constellation sur la pochette de ton CD !*

Il consulte avec attention l'arrière du boitier et éclate de rire quand il m'annonce que la maison de disques d'Isabelle Boulay s'appelle « Sidéral » et que le logo de sa maison de disques est une petite constellation de 3 étoiles…

Comme c'est drôle ! Ce doit être encore une coïncidence ! Non, là, le doute n'est plus permis ! 3 fois le même jour… je pense qu'on essaie de nous transmettre un message… J'ai la sensation que ce message, c'est : « On est là, avec vous, on a tout fait pour que vous vous retrouviez, ensemble. Soyez heureux, c'est tout ce qu'on vous demande ». De qui vient ce message ? Bien sûr, je n'en sais rien. Est-ce cela l'important ?

Mais ça ne s'arrête pas là.

Quelques jours plus tard, nous nous apprêtons à fêter ensemble notre première Saint Valentin.

Je pars faire mes achats de mon côté et décide d'ajouter un petit « cadeau clin d'œil » à nos constellations : un poster des douze constellations du zodiaque que je trouve au Furet du Nord, magasin de livres, disques, papeterie…

Alex, de son côté, fait ses achats de Saint-Valentin et ajoute un petit « cadeau clin d'œil » à nos constellations : une boite d'étoiles phosphorescentes à coller au plafond.

Ce mercredi 14 février 2001, lorsque nous nous offrons nos cadeaux, nous sourions à la vue de ces petits présents additionnels et sommes heureux d'y avoir tous deux pensé.

Il a sa chambre d'étudiant, j'ai un petit studio. Nous n'habitons pas encore ensemble mais nous dormons une fois chez l'un, une fois chez l'autre.

Quelques jours plus tard, un matin, alors que je me réveille chez lui, je remarque qu'il est déjà parti en cours et moi, je prends mon poste au McDo seulement à midi. Je me lève et me mets à dessiner sur un carnet nos deux constellations en m'inspirant du poster que je lui ai offert. Je tente d'esquisser la constellation du lion et celle du verseau (tout en pensant que je dessine celle du poisson !). Mon objectif est de décorer le plafond de mon studio en mélangeant nos 2 constellations grâce aux étoiles phosphorescentes qu'il m'a offertes.

Un jour ou deux après, alors que je suis seul dans mon studio, je reproduis le mélange d'étoiles pour symboliser notre union.

Des mois plus tard, je me rends compte de mon erreur : j'ai dessiné la constellation du verseau au lieu de celle du poisson. Quelle nouille ! Je lui dis ? Je lui dis pas ? Et puis alors... ces étoiles ! Quand c'est collé, c'est collé !! Finalement, je n'ose pas lui en parler.

Quelques années plus tard, quand Alex demande à une de ses collègues de bureau qu'elle lui fasse son thème astral, nous apprenons qu'il est verseau et non poisson ! Son heure de naissance détermine qu'il est bel et bien un verseau ! Ce que j'ai cru être une erreur de ma part n'en est pas une. Je suis convaincu d'avoir été guidé lorsque j'ai reproduit la constellation du verseau.

Comme c'est drôle ! Ça doit être ... non, c'est un message clair qu'on nous envoie : nous sommes faits l'un pour l'autre. Ce qu'on appelle des âmes sœurs. Le mot constellation tire son origine du latin cum (*avec, ensemble*) et stella (*étoile*). D'après son étymologie, ce mot signifie donc « *avec des étoiles* » ou « *étoiles ensemble* ». J'ai la sensation que nos deux étoiles se sont enfin connectées depuis ce 02 février 2001. Alex est la personne qui me connaissait déjà avant de me rencontrer, la personne que je connaissais déjà avant de le rencontrer. On dit d'un couple qui semble évident : « Ceux-là, ils se sont reconnus ! ». Il me réconforte quand je m'écroule. Je suis fort quand il est faible et inversement. C'est à lui que je dois notre bonheur. J'espère en être digne et j'essaie de lui rendre tout cet amour qu'il m'offre au quotidien. Une seule pensée pour lui et mon être s'apaise. Il est le remède à mes maux, il guérit mes démons intérieurs par sa seule existence. Dès que je doute de moi, Alex sait trouver les mots justes qui vont me réconforter et me redonner confiance. Il a transformé ma vie, l'a rendue plus merveilleuse que je n'aurais jamais osé l'espérer.

« Si le destin doit vous guérir, appelez le médecin ou ne l'appelez pas, vous guérirez. »
Citation de Cicéron ; Du destin - env. 44 av. J.-C.

Les constellations ont marqué le commencement de notre vie commune. Je les ressens comme le signe d'une confirmation, la validation qu'il est bien fait pour moi et moi pour lui.

Quelques mois plus tard, nous décidons de vivre sous le même toit, dans mon studio qui devient aussitôt notre studio.

Très rapidement, nous nous mettons d'accord pour recueillir un animal domestique. Nous aimons les animaux de manière générale mais compte tenu de notre logement, le choix d'un chat sera parfaitement adapté. Ce sera un chat qu'Alex décide d'appeler « Chaussette », en souvenir du nom du loup de Kevin Costner dans le film *Danse avec les loups*. Je propose à Alex d'orthographier son nom « Cho7 ». Cette dernière, craintive mais fichu caractère, fera l'objet d'un joli signe que je recevrai quelques années plus tard… J'ai lu, par ailleurs, que les chats sont des animaux extrêmement sensibles à la médiumnité et à la présence des entités. Mon troisième chat m'apportera ultérieurement une confirmation surprenante et inouïe…

Ma mère et la révélation…

Ma mère, que j'appelle « Mum », a toujours eu une place importante dans ma vie. Elle est mon premier Guide. La vie nous fait changer de bien des façons et ma mère n'a pas fait exception à la règle. Sa transformation est assez impressionnante.

C'est une femme qui, par le passé, a été confrontée à de nombreux malheurs, à commencer par la perte de son père quand elle avait 11 ans. Mon grand-père André, que je n'ai donc pas connu de son vivant, a énormément compté pour elle. Aussi dut elle apprendre, très jeune, à vivre sans son père. Née en 1955, elle est issue, comme beaucoup d'enfants à cette époque, d'une famille nombreuse (elle a 6 frères et sœurs). Elle ne bénéficie pas de l'attention qu'elle aimerait avoir de la part de sa mère. Ma grand-mère maternelle, elle-même détruite par la perte de son mari, doit faire face à sa priorité : élever seule ses sept enfants.

Entre 9 et 12 ans, ma mère joue avec ses amis et, parmi eux, un garçon espiègle prénommé Alain. Ses copains les taquinent et voient en eux un couple d'amoureux... Un amour d'enfance... Platonique mais pourtant intense.

Néanmoins la vie n'en fait qu'à sa tête et Mum rencontre mon père quand elle a 16 ans. Elle se marie avec lui à l'âge de 18 ans. Elle tombe enceinte et ma sœur, Cendrine, pointe le bout de son nez en avril 1973. Je viens au monde deux ans plus tard en août 1975.

Mum divorce en 1983 et, deux ans après, rencontre Herbert, le futur père de son 3ème enfant, mon frère Nicolas. Elle se marie avec Herbert en 1988 et Nicolas viendra au monde en 1989. J'ai vécu l'arrivée de mon frère comme un cadeau du ciel. Quatorze ans nous séparent et je l'attendais avec d'autant plus d'impatience. Il était mon bébé, autant que celui de ma mère et de mon beau-père. Je crois bien que je n'avais jamais ressenti autant d'amour pour un petit être et, bien qu'il soit maintenant un adulte, grand et fort, je vois toujours en lui le petit bonhomme de deux ans qui me rejoint volontiers, les yeux écarquillés, découvrant à mes côtés les jeux de l'Amstrad CPC464 que nous avions reçu du Père Noël cette année-là.

Plus d'une dizaine d'années plus tard, ma mère sera contrainte de quitter Herbert et c'est en 1997 qu'elle retrouve son amour d'enfance, Alain. Elle vit avec lui jusqu'en décembre 2003. Entre Noël et nouvel an cette année-là, Alain décède brutalement. A ce moment-là, je crois bien que Mum ne va pas s'en remettre. Comment va-t-elle poursuivre son chemin ? Instinctivement et sans savoir ce qu'il se passerait ensuite, je lui achète *Le livre des Esprits* d'Allan Kardec. C'est un livre que je possède depuis des années, que je n'ai jamais lu jusqu'alors et que je lirai des années après. Je ne sais pas pourquoi mais je me dis que ce livre peut l'aider.

Des signes témoignant de la survie d'Alain dans l'au-delà, j'en ai déjà à l'époque. J'y crois sans vraiment y croire… Je me souviens notamment du robinet dans ma salle de bain qui se met à couler subitement. Un matin, alors que je me dirige dans ma petite salle de bain pour aller prendre ma douche, je remarque que l'eau coule dans mon lavabo. Je serre les robinets d'eau chaude et d'eau froide de toutes mes forces et enjambe la baignoire puis tire le rideau de douche pour ne pas éclabousser partout. A ma grande surprise, ma toilette terminée, lorsque je tire le rideau de douche pour revenir sur le tapis éponge, je vois l'eau qui coule à nouveau comme si je n'avais pas serré les robinets. Et je ne vous parle pas d'un mince filet d'eau ! Ce n'est pas un problème de joint comme me diront certains sceptiques plus tard car ce robinet coule à des moments bien précis : quand ma mère, dévastée de tristesse, pleure toutes les larmes de son corps. C'est un signe qu'on m'envoie pour me pousser à lui téléphoner, lui remonter le moral autant que faire se peut.

Quand elle se relève de cette épreuve, les problèmes de plomberie se résolvent d'eux-mêmes... Même si je prends très régulièrement des nouvelles de ma mère en cette période si sombre, je ne devine pas l'importance de ces messages.

Toutes ces épreuves que ma mère a vécues l'ont amenée à s'éloigner de nous malgré elle, à nous quitter géographiquement parlant. Elle habite maintenant près de Tours, où elle a appris sur le développement personnel et médiumnique ainsi que sur le sens de la vie. Parfois, la vie provoque des évènements que l'on ne comprend pas sur l'instant. Ce sont des épreuves que l'on a à surmonter. Des années après, je comprends que cet éloignement était nécessaire pour lui permettre d'évoluer spirituellement.

Elle a su devenir maitresse de son destin et prendre sa vie à bras le corps pour en faire quelque chose de doux, de bienveillant, de rassurant. Passée par des épreuves terribles, elle a appris à recevoir le bonheur, le créer et le maitriser. A présent, elle partage son expérience et veille à apporter du réconfort aux âmes en peine…

Elle continue de me transmettre son savoir et m'aide, avec l'assistance de nos Esprits Guides, à développer ma médiumnité.

Dans les années 2000, j'habite à Valenciennes et je découvre par hasard une boutique ésotérique qui vend, entre autres, des cartes postales avec le nom des Anges Gardiens selon les dates de naissance des personnes. Ma rencontre avec Alex m'a fait prendre conscience que nous avions forcément été guidés l'un vers l'autre, que notre rencontre n'était pas due au hasard. Je suis donc très tenté d'acheter une petite carte avec nos Anges Gardiens respectifs.

Bien des années plus tard, nous résidons en Alsace quand, au début du mois de septembre 2016, je surfe ici et là sur des sites internet et mon attention est attirée sur les cartes de ces Anges Gardiens que j'ai affichées au mur bien des années auparavant: Reiyel et Manakel.

Je fais donc une recherche rapide sur internet concernant Reiyel, mon Ange Gardien et je lis, sur un site que j'ai trouvé par hasard, Flori-ange (http://letempledelamour.blogspot.fr):

« Si vous vous demandez quels sont votre rôle et votre mission sur cette terre, il vous suffit d'adresser cette question à Reiyel qui se fera un plaisir de vous faire signe de manière très concrète; n'en doutez pas si vous voyez, ces jours-ci, __un oiseau__, un écureuil, le chat ou le chien du voisin, ou errant, vous rendre visite... il s'agira sans aucun doute du signe que vous attendiez pour savoir que Reiyel a bien entendu votre demande. Il est l'Ange des Projets et, si votre prière est conforme à votre chemin de vie, c'est par ce genre de signe qu'Il vous préviendra. »

Le 07 septembre 2016, je suis en train d'écrire un mail à ma mère. Je lui parle de mon père. Je lui explique que je pense souvent à lui en ce moment. Soudain, un oiseau vient se projeter brutalement dans ma fenêtre. C'est suffisamment fort pour qu'Alex, qui prenait son bain à l'étage, l'entende.

Je fais immédiatement le lien avec ce que j'ai lu quelques jours auparavant et je reprends le mail que j'étais en train d'écrire à ma mère et lui explique ce qu'il vient de se passer. Je suis sous le choc, j'avoue, et j'ai besoin d'être rassuré.

« OMG (Oh my God)... je crois que je viens d'avoir un signe... je viens juste de faire une pause pour monter le dire à Alex, j'en tremble et j'ai des frissons... Par la fenêtre du bureau, je vois mon jardin. Un oiseau vient de taper dans le carreau, c'est la première fois que ça arrive !! Et figure toi que j'ai lu à Alex la page de mon Ange Gardien il y a quelques jours [...] Bouh.... Ça fait bizarre !! Et comme par hasard, au moment où je t'écris un mail et où je te parle de Papa... ».

Quand j'envoie ce mail à ma mère, il est 09h59.

A 10h07, ma mère me répond ceci :

« Mon fils chéri...............

Je te lis et j'ai des frissons qui me montent !!! surtout rapport aux oiseaux............................!!!

Tu sais, je reçois souvent des messages auxquels je ne comprends rien, je prends c'est tout, et je transmets ! puis c'est ensuite, avec le recul que ça prend son sens !!! et donc je pense que tu comprendras lorsque tu liras ce que papa a fait écrire... ton email me "parle" beaucoup !!! »

Dans la foulée, elle m'envoie une feuille manuscrite qu'elle a rédigée dans la nuit du 4 au 5 septembre 2016 à 04h50 du matin. Ma mère a vu le visage de mon père, qui avait un message à lui délivrer à mon sujet.

Entre autres questions, elle lui demande ce qu'il fait maintenant qu'il est de l'autre côté.

Voici sa réponse :

Texte original envoyé par mail, en pièce jointe, par ma mère le 07 septembre 2016

Transcription :

- Que fais-tu maintenant là où tu es ?
- Je fais voler les oiseaux ! ben oui, c'est drôle hein !!! on me fait travailler là-dessus !

Je précise que voilà 2 ans que l'oiseau est venu se projeter contre la fenêtre et qu'aucun autre oiseau n'a fait pareil depuis ! Ce sont toutes ces pièces de puzzle, une fois imbriquées les unes dans les autres, qui nous ouvrent les yeux sur l'existence d'un monde parallèle, de la survivance de nos êtres chers. Certains nomment ces signes des synchronicités. Voici ce qu'on trouve comme définition de la synchronicité sur le site Wikipédia :

« Dans la psychologie analytique développée par le psychiatre suisse Carl Gustav Jung, la synchronicité est l'occurrence simultanée d'au moins deux événements qui ne présentent pas de lien de causalité, mais dont l'association prend un sens pour la personne qui les perçoit. [...] Ces soi-disant coïncidences frappent l'individu comme profondément porteuses de sens. »

Merci, Papa, pour ce message. Je sais à présent que l'Au-Delà existe, bel et bien. Merci Mum de m'avoir transmis son message, de m'avoir tant appris, de m'avoir guidé sur le chemin de la connaissance.

Carole et ses messages

Nous sommes en mars 2011. Voilà maintenant plus de deux mois que ma tante Carole est décédée d'une crise cardiaque... Elle n'avait que 47 ans.

Carole, la plus jeune sœur de mon père, était une femme d'une gentillesse exceptionnelle. Je l'ai toujours considérée davantage comme une cousine du fait de son jeune âge, une jeune tante, une cousine et même une amie... Elle a été très présente à un moment de ma vie où j'avais besoin de retrouver une famille. Carole, c'était une très jolie femme, aux cheveux blonds colorés, de taille moyenne, coquette et par-dessus tout irrésistiblement drôle. Elle prenait toujours soin d'elle, bien coiffée, bien maquillée. Je me souviens que dans les années 80, elle arborait fièrement le look à la Kim Wilde, cheveux en pétards sur le dessus qui lui descendaient jusqu'aux épaules. J'ai toujours aimé l'image qu'elle renvoyait : une fille stylée. Son rire, extrêmement communicatif, pouvait partir dans les aigus et virer au cri. Elle provoquait la joie et l'hilarité autour d'elle. Et quelle générosité. Une vraie gentille avec un cœur pur. Gentille dans le bon sens du terme. Carole était aide-soignante et elle me faisait mourir de rire quand elle me racontait de quelle façon la traitaient parfois les personnes âgées dont elle s'occupait. Elle m'a raconté qu'un jour, mâchant son chewing-gum frénétiquement comme à son habitude, elle se rendit au domicile d'un couple de personnes âgées afin de faire leur toilette et de leur donner les soins quotidiens nécessaires. Attaquant la toilette du mari impotent, l'épouse jalouse lança à la figure de Carole « Ravise la, m'n'homme, elle est cô en train d'chiquer ! ». Traduction : Regarde-moi cette fille, elle est encore en train de mâcher ! Avec bienveillance mais aussi une certaine fermeté, Carole la remettait à sa place gentiment, lui conseillant de se calmer si elle voulait qu'elle continue de venir s'occuper d'eux tous les matins. J'étais écroulé de rire rien qu'à imaginer la scène !

Je ne résiste pas à l'envie de vous raconter un souvenir précis que j'ai d'un réveillon de noël que j'ai passé avec Carole. Je lui demandais si elle avait un CD de chansons de noël, histoire de mettre une ambiance. Elle hocha négativement la tête. Déterminé, je scrutais tous ses CD et je découvris *Last Christmas* de Wham. J'ai passé la chanson au moins 20 fois de suite. On était bidonnés, morts de rire… Deux gamins écroulés pour une bêtise. Que de moments de bonheur avec elle…

Le jour où je passerai de l'autre côté du voile, j'aimerais tant que ce soit elle qui vienne me chercher.

Fin 2010, je me suis découvert une nouvelle passion. Grâce à mon meilleur ami, Gérald, je suis entré dans une troupe de théâtre. Gérald est le pendant masculin de Virgin. Plus qu'un ami, il est mon frère d'humour et de cœur. Gay comme moi, il a fondé sa famille et j'ai toujours pris son couple comme l'exemple à suivre. Il est des personnes dans une vie qui sont des modèles et que vous voyez comme de véritables piliers. Lui et son mari, ils font partie des rares personnes à ce point chères à nos cœurs. Et je profite de ce livre pour leur dire à quel point nous les aimons et comme ils comptent dans nos vies.

Gérald me fait donc intégrer la troupe de théâtre.

Le théâtre… pile l'activité dont j'avais besoin pour penser à autre chose qu'à la souffrance d'avoir perdu ma chère Carole. L'ai-je vraiment perdue définitivement ?

Le dimanche 06 mars 2011, nous allons jouer la deuxième de notre pièce. Oui, nous jouons… Et quel plaisir de pouvoir encore jouer quand on est adulte ! Même si l'ambiance entre les membres de la troupe est formidable, il n'en reste pas moins que la deuxième représentation est beaucoup plus stressante que la première. On a beaucoup plus conscience de ce qu'on fait. Quelques heures avant de monter sur scène, nous sommes invités à aller chez notre chef de troupe pour prendre le café, à quelques pas du lieu de la représentation. Il fait doux dehors… Si doux que tout le monde s'installe dans le salon de jardin. Le stress me saisit au ventre et j'ai un besoin urgent d'aller à la salle de bain (comme disent les américains). Le chef m'indique la direction à suivre. Je presse le pas.

Tout est bon pour ne pas penser à la pièce que je m'apprête à jouer deux heures plus tard et ma pensée, instinctivement, est pour Carole, qui me manque. J'entre dans les toilettes et je vois, vers ma gauche, posé sur un meuble, un bloc éphéméride. C'est un bloc de feuilles fines comme du papier à cigarette, sur lesquelles figure la date du jour avec, souvent, une phrase philosophique, une citation ou un trait d'humour. Sur la feuille du jour est indiquée la célèbre citation de Franklin D. Roosevelt :

« La seule chose dont nous devons avoir peur, c'est de la peur elle-même ».

Cette citation a le sens de l'à-propos ! Je me tourne sur ma droite et je vois un petit ange de porcelaine sur lequel il est écrit : *« Keine Sorgen, ich bin immer Da ».*

L'épouse de notre chef de troupe est professeur d'allemand. J'ai fait allemand première langue et je comprends très vite ce message qui signifie *« Ne t'inquiète pas, je suis toujours là ».* Deux signes successifs sur un laps de temps aussi court !

Quelques minutes plus tard, je me hâte de rejoindre Alex pour lui raconter ces deux messages que je ressens comme des signes de Carole. Je n'ai pas encore eu le temps de lui raconter tout ça que ma vue est attirée sur une cheminée d'extérieur sur laquelle est fixée une plaque avec le message : *« Carpe Diem ».*

La tête sur les épaules et les pieds sur terre, je refuse de voir des signes partout mais je comprends bien pourquoi je reçois ces messages, à trois reprises et coup sur coup. Je décide de profiter de l'instant présent et de m'apaiser coûte que coûte.

Les signes surviennent souvent quand nous sommes stressés, que nous avons peur de ne pas savoir faire face, que nous manquons de confiance en nous-même. Transcender ses peurs est primordial quand on veut évoluer spirituellement.

Quelques semaines plus tard, aux environs de la fin mars 2011, ma mère, qui tient un journal de ses visions, est assise dans son fauteuil. En pleine méditation, elle reçoit l'image d'une femme entre 40 et 50 ans. Elle brosse longuement et doucement sa longue chevelure noire qu'elle a jusque mi-dos. Elle est jolie et veut se faire encore plus jolie. Ma mère précise dans son journal qu'elle se brossait les cheveux comme si elle se préparait à des festivités. Sans pouvoir mettre un nom sur cette femme, elle correspond à l'image de ma tante à l'époque où ma mère l'a connue. Cette image perçue par ma mère annonçait un triste évènement pour moi. C'était simplement l'image de ma tante qui se préparait pour le retour de sa mère, ma grand-mère paternelle.

Et quelques jours plus tard, en effet, je perds ma grand-mère paternelle ... ma grand-mère était tout ce qu'on peut imaginer chez la grand-mère idéale : une femme d'une bonté extrême, gentille et si généreuse. Ma petite grand-mère aux cheveux argentés violets est gourmande (je dois tenir d'elle !) et son plus grand plaisir est de nous écraser au Scrabble, l'air de rien, à grands coups de mots compte triple, un cône de crème glacée à la main et l'œil malicieux...

Onze ans en arrière, j'avais perdu mon grand-père paternel. Puis, à quelques mois d'intervalle, mon père nous quitte le 15 octobre 2000... le schéma se reproduit onze ans plus tard avec ma tante et ma grand-mère... Je ne comprends pas ce qui nous arrive, pourquoi en si peu de temps et pourquoi ? C'est déjà tellement pénible de perdre une personne qu'on aime, alors deux ! Franchement, dans des moments comme ça, on se dit que la vie est injuste et la difficulté est de trouver en quoi la vie peut être belle après ça, en quoi elle vaut la peine qu'on continue.

Le soir de l'enterrement de ma grand-mère, le jeudi 07 avril 2011, je rentre chez moi, seul et triste. Je pense à elle, je pense aussi à Carole…

J'ouvre la porte de la maison, j'entre et je gravis les premières marches du petit escalier qui mène au salon. Arrivé à l'entrée du salon, je me tourne vers la cuisine et, dans la pénombre, je perçois mon chat Cho7, immobile avec un talkie-walkie près de l'oreille…

Un talkie-walkie près de l'oreille de mon chat ?! Je n'y comprends rien mais la situation est absurde et plutôt cocasse. Le moment de stupeur passé, je ne peux m'empêcher de sourire. J'allume la lumière et je comprends qu'un picot d'une brosse à cheveux est accrochée à la clochette de son collier.

Ce qui m'interpelle, c'est qu'elle est tranquillement assise dans l'escalier. Elle me regarde fixement, la brosse à cheveux près de l'oreille, l'air de rien. Je vous ai expliqué précédemment que mon chat Cho7, c'est le premier chat que nous avons eu avec Alex. Elle n'était pas particulièrement zen dans la vie mais plutôt du genre « un rien me stresse ! ». Pour moi, aucun doute, c'est un signe, oui ! Un signe dont j'avais besoin, spécialement ce soir-là ! Un message de ma grand-mère et de ma tante qui me disent « Dans la vie, il faut rire et tu dois continuer à rire, c'est important ! ». Ces deux femmes qui ont tellement compté pour moi, comme je les aime et comme elles me manquent ! Mais quelle chance j'ai de les avoir eues dans ma vie !

Ma sœur Cendrine et moi avions une affection particulière pour notre tante et je ne peux m'empêcher de vous raconter les signes que ma sœur a reçus par le passé. En juillet 2015, alors qu'elle a quitté son mari depuis 7 mois et changé de région, ma sœur se prépare à voir ses enfants partir en vacances chez leur père dans le nord. Elle va être séparée d'eux pour la première fois de sa vie. Son cœur de mère souffre intensément et lorsqu'elle revient chez elle sans sa progéniture, elle se met à pleurer à chaudes larmes. La journée passe tant bien que mal. Le soir, sa tristesse est à son paroxysme. Le cœur gros, elle se rend alors dans sa chambre puis ferme la porte derrière elle. Tout en pleurant, elle décide de passer un coup de fil à sa belle-fille Magalie. Cette dernière, pour qui elle a beaucoup de tendresse et qu'elle considère comme sa propre fille, habite toujours dans le nord de la France. Heureuse de revoir les enfants, Magalie tente de la rassurer affirmant à ma sœur que les petits vont bien. Cendrine n'en reste pas moins accablée de chagrin et elle ne parvient pas à contenir ses larmes. Tout en discutant avec sa belle-fille au téléphone, Cendrine se déshabille pour se mettre en tenue de nuit. Elle plie machinalement ses vêtements et les pose au-dessus d'une tour à documents sur laquelle était posés quelques papiers. Sous la pile de documents, Cendrine sait qu'il se trouve une fleur dessinée sur un papier rose, une jolie marguerite que ma mère avait reçue antérieurement (en avril 2015) lors d'une séance, une fleur de la part de ma tante Carole à l'intention de ma sœur (voir photo en pages centrales).

Elle se couche et continue, tant bien que mal, de converser avec Magalie. Soudain, allongée sur son lit, elle entend un drôle de bruit. Occupée par sa conversation au téléphone à demander des nouvelles de ses enfants, elle ne prête attention qu'à sa discussion avec sa belle-fille. Lorsqu'elle raccroche, elle se décide à chercher la provenance du bruit qu'elle avait entendu et, en se relevant légèrement, elle remarque que ses vêtements sont à même le sol, retournés mais toujours pliés, les papiers par-dessus et elle voit le papier rose avancer tout seul !

Sur le moment, elle prend peur mais, en une fraction de seconde, elle comprend que Carole est là et que tout va bien se passer. Elle s'arrête enfin de pleurer, esquisse même un sourire. Elle s'adresse alors à Carole en la remerciant puis s'endort, jusqu'au lendemain, comme un bébé.

Ces signes sont, je l'apprendrai dans le livre *Quand les défunts viennent à nous* d'Evelyn Elsaesser, ce que l'on peut nommer des VSCD, c'est-à-dire des Vécus Subjectifs de Contacts avec les Défunts. Le VSCD y est décrit comme « un contact ou une communication qui se produit spontanément, sans intention de la part de la personne qui vit l'expérience (le récepteur), ni cause externe apparente. Il s'agit d'un contact direct, apparemment initié par le défunt, sans intervention d'une tierce personne (médium), ni utilisation de la TCI, de l'écriture automatique, etc. Lors du VSCD, un transfert d'informations semble se produire, à sens unique ou bilatéral ».

Il semble que ma tante a perçu la détresse de ma sœur et qu'en se manifestant, elle lui fasse parvenir l'information que rien de grave ne pourrait arriver à ses enfants. La présence de nos êtres chers disparus nous est étonnamment réconfortante car elle permet de relativiser les malheurs du quotidien.

Quand ma sœur m'a raconté cet évènement, je compris que décidément, je n'étais pas le seul à recevoir des signes dans cette famille !

Les signes, c'est de famille...

Il est légitime de se demander si les signes ne sont pas de simples coïncidences. Je sais qu'il faut rester les pieds sur terre. Mais si ces évènements surviennent au moment où l'on en a le plus besoin et à une fréquence suspecte, pourquoi résister à la pensée que nos proches disparus (qui pour moi ne le sont pas) nous aident beaucoup plus que ce que l'on croit ? Et par quel hasard ces évènements se produisent au moment même où vous êtes en train de penser à votre cher disparu ou à des moments où vous auriez besoin de leur présence ? Je ne veux pas me poser plus de questions. Les réactions que ces évènements provoquent sont systématiquement et irrémédiablement un mieux-être. Je pourrais très bien me dire : « Ce ne sont que des coïncidences ! » et retourner à ma tristesse et à mon mal-être. Mais ça ne m'aidera pas. L'instinct parle. L'intuition se fait sentir et j'ai envie d'y croire pour me sentir mieux. Et ça fonctionne !

On peut détecter les signes par leur survenue singulière.

Mon frère Nicolas a reçu, dès son plus jeune âge, des signes lorsque ma mère a perdu son mari.

Ma sœur, Cendrine, m'a relaté deux expériences qu'elle a vécues par le passé.

Le samedi 09 décembre 2000, alors que son mari est parti en déplacement pour le weekend, elle reste avec ses enfants à la maison. L'aîné de ses fils joue au basket et a un match dans l'après-midi. De bon matin, il neige et ma sœur essaie vaille que vaille de rallumer la cheminée. Une fois, deux fois, six fois... systématiquement le feu ne veut pas prendre.

La matinée passe... Dans l'après-midi, toute la petite famille se rend, à pied, au match de basket. La neige est épaisse, elle leur monte jusque mi-mollet. Le match terminé, ils rentrent à la maison, les pieds trempés et transis de froid.

Ce soir-là, c'est l'élection de Miss France à la télé. Ils s'installent bien calés au fond du fauteuil, emmitouflés sous une grosse couette puisqu'ils n'ont pas pu faire de feu de la journée... Tout en regardant la télé, Cendrine jette un œil sur la cheminée et là, quelle surprise, elle voit de grandes flammes dans le fond de l'insert... Qui peut-elle remercier puisqu'elle sait que son mari n'est pas présent de tout le week-end et n'a pas pu, par conséquent, faire le feu dans la cheminée ? Bien entendu, elle sait qu'aucun de ses enfants n'a tenté d'allumer le feu dans l'insert.

Quelques années plus tard, en novembre 2016, ma sœur est enceinte de 2 mois et demi. Elle porte des jumeaux qu'elle perd successivement le 10 puis le 11 novembre. Dévastée, elle a beaucoup de mal à s'en remettre. En mars ou avril 2017, elle pense sans cesse à ses bébés. En entrant dans sa cuisine, une forme blanche attire son attention. Posé sur le plan de travail marron clair, elle pense qu'il s'agit d'une « moumoute » comme elle l'appelle, un mouton de poussières... Elle s'approche et réalise qu'il s'agit d'un papillon. Elle n'avait jamais rien vu de tel ! Elle le prend en photo et l'envoie à ma mère. Mum fait une recherche sur internet et annonce à ma sœur que ce papillon s'appelle « papillon Ange ».

Son nom scientifique, Ptérophore blanc, est surnommé plus communément Petit ange de nuit (voir photo en pages centrales).

Ma sœur comprend que c'est le message de ses bébés qui la rassurent, qui lui disent : « *Ne t'inquiète pas, Maman, nous allons bien* ». Elle a saisi délicatement le papillon et l'a remis dehors pour qu'il puisse « *aller à sa vie* ». Elle acheva de me raconter cet évènement en me disant que depuis, elle fait tout ce qu'elle peut pour que « *TOUS* » ses enfants soient fiers d'elle.

Les signes surviennent souvent quand nous avons le moral au plus bas, que nous sommes tristes et qu'on a du mal à se remettre...

Encore faut-il savoir les détecter, les prendre, les apprécier et appliquer les conseils qu'Ils nous envoient...

Il y a quelques semaines, ma sœur a reçu quelques conseils en séance avec ma mère. Ces conseils sont transmis pour une vie meilleure, pour progresser et être heureux.

Cendrine m'a expliqué qu'après avoir appliqué ces conseils, un soir, alors qu'elle se rend dans la salle de bain pour se démaquiller, elle dépose le lait démaquillant sur son coton comme à son habitude...

En prenant un deuxième coton, elle applique à nouveau le lait démaquillant et constate, surprise, qu'un cœur de forme régulière est apparu (voir photo en pages centrales).

Certains y verront une simple coïncidence, d'autres y verront un symbole d'amour… Chacun est libre de son interprétation. Les signes, à mes yeux, peuvent être transmis par les petits objets du quotidien. C'est ce qui fait qu'ils sont accessibles à tous, sans distinction ! Pas besoin d'être un médium chevronné pour recevoir des signes.

Naissance août 1975 / Dans les bras de mon père avec ma sœur Cendrine

Noël dans la robe de chambre de ma sœur, merci Maman !

Cendrine, j'ai soif ! / Partie de fou rire pendant mon enfance

Ma chambre dans les 80s « Jeanne Mas, Jackie Quartz, Sandra…Moi, gay ? »

Parade des frontières, *1er mai 1983* : les Fauvettes / Thriller

Parade des frontières, *1er mai 1983* : « Moi ? Peur de la mort ? »

Ma communion solennelle

Mon amie Virginie, dite « Virgin » et moi en 2004

Dessin original de la fleur offerte par ma tante Carole à ma sœur Cendrine

*Le petit ange de nuit, que découvre ma sœur,
dans sa cuisine, en mars/avril 2017*

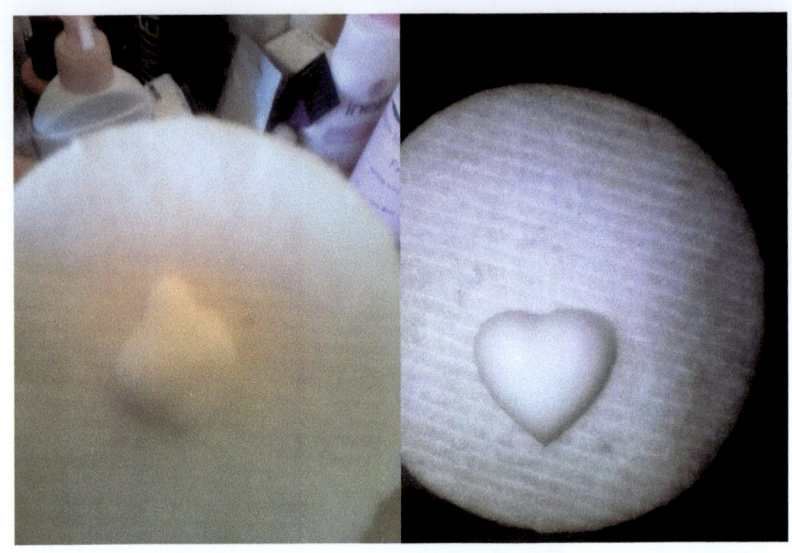

Les signes peuvent être transmis par les petits objets du quotidien

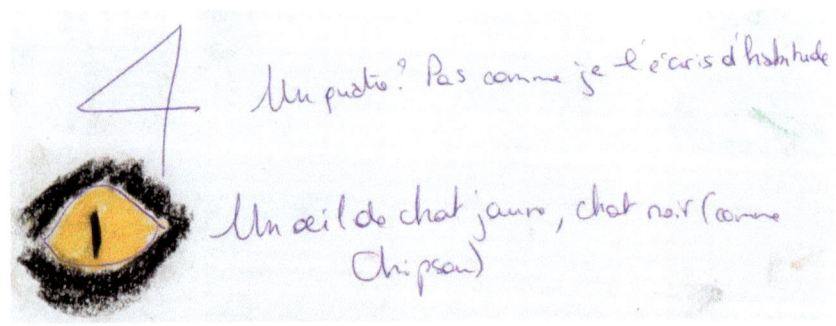

Dessins originaux de la séance du samedi 4 mars 2017

La petite voix
ou quand l'Invisible me conseille…

Nous sommes en septembre 2014. J'ai suivi Alex qui s'est vu proposer une mutation en Alsace par l'entreprise pour laquelle il travaille. L'année précédente, j'avais entamé une reconversion professionnelle. J'ai d'abord effectué un bilan de compétences puis j'ai repris une année d'études. Du domaine de la vente, je souhaite me diriger à présent vers les ressources humaines. Je quitte mon Nord natal par amour. Et seulement par amour.

C'est une véritable épreuve qu'on m'envoie et elle n'est pas facile à surmonter. Je n'ai absolument aucun regret d'être parti, malgré l'éloignement géographique de ma famille et de mes amis. J'ai choisi de faire ma vie avec Alex. Avant tout, je ne le vis pas du tout comme un sacrifice. J'ai lu quelque part que « Peu importe l'endroit où l'on se trouve, l'important est la personne avec laquelle on est » et j'ai trouvé cette phrase très juste. Ça, j'en suis convaincu. Et puis on ne rompt pas les liens avec la famille et les amis sous prétexte qu'on s'éloigne géographiquement. Les divers moyens de communication permettent d'entretenir ces liens.

Je m'inscris en tant que demandeur d'emploi pour la première fois de ma vie. Le site sur lequel je me suis inscrit requiert que je mette en ligne un CV et que je m'abonne pour recevoir les offres d'emploi directement dans ma boîte mail. Bon petit soldat, je m'exécute. Seulement, je n'ai quasiment pas d'expérience concrète dans les RH, hormis le stage que j'ai effectué pendant mon année d'études. Le premier conseiller qui me reçoit dans cette agence pour l'emploi, M. François Lépine, m'analyse de prime abord et me lance :

- *Je vous verrais bien travailler comme conseiller à l'emploi ! Vous avez l'air d'être à l'écoute des autres, d'être attentif au sujet de conversation, on sent que vous avez un bon relationnel... vous devriez essayer !*

Ben ça alors... Je ne savais pas que je pouvais faire ce métier avec le diplôme que j'ai obtenu ! Oui, c'est vrai que je me verrais bien aider les personnes à retrouver un emploi.

Quelques semaines plus tard, toujours rien. J'envoie de nombreuses candidatures spontanées et d'innombrables réponses aux offres d'emploi qui me correspondent, pour des postes d'assistant RH en l'occurrence. Malgré cela, je n'ai absolument aucun retour de la part des employeurs. Le monde du travail est devenu féroce et c'est un vrai parcours du combattant quand on veut retrouver un emploi à l'heure actuelle. Je reçois quand même un mail de mon agence pour l'emploi qui m'invite à participer à une réunion sur la « Promotion de profil ».

La « promotion de profil » ? Moi, ça ne me dit rien. Je réponds donc par l'affirmative et atteste que je serai bien présent à cette réunion.

Le jour J, j'arrive dans une salle occupée par une petite quinzaine de personnes. Les employés de l'agence pour l'emploi nous expliquent qu'ils ont repéré nos profils comme étant « dynamiques » dans nos recherches d'emploi et qu'ils souhaitent nous faire passer une simulation d'entretien pour voir si nous défendons bien nos compétences. Une des employées nous lance :

- *Qui veut passer l'entretien avec moi ?*

- *Moi, je veux bien !*, lui dis-je en levant la main.

Une petite voix, LA petite voix, se fait entendre dans ma tête et me souffle : « *Retiens bien le nom de cette dame !* ».

J'entre dans un bureau et, en décochant mon plus beau sourire, me présente.

- *Christophe Bresnel, ravi de vous rencontrer.*
- *Hélène Laniaux, enchantée.*

Mme Laniaux est attentive à mes propos et le courant passe bien entre nous. Visiblement, je défends bien mes compétences lors de cette simulation d'entretien au point que Mme Laniaux m'annonce qu'ils vont tout faire pour m'aider à me réinsérer professionnellement, qu'ils vont démarcher les entreprises et promouvoir mon CV d'assistant RH, poste que je vise à ce moment-là.

De retour à la maison, la petite voix se fait à nouveau entendre et me souffle : « *Envoie un mail à ton conseiller, M. Lépine, et demande-lui l'adresse mail de Mme Laniaux. Dis-lui que tu souhaites la remercier pour la simulation d'entretien passée ce matin.* »

J'obéis à ma petite voix et je reçois un mail de M. Lépine qui m'envoie en retour l'adresse mail de Mme Laniaux.

Cette adresse me permet d'envoyer le mail de remerciement, comme prévu, et j'espère un poste, très prochainement, grâce à la « Promotion de profil ».

Je me déplace et dépose des CV et des lettres de motivation ici et là, je multiplie les candidatures par le biais d'internet… Rien n'y fait ! Je n'ai même aucun retour de la part des employeurs et je commence à perdre confiance en moi, en mes compétences… Les semaines puis les mois passent…

À presqu'un an de chômage, je suis tellement démuni que je me décide à retourner dans la vente, puisque c'est le domaine dans lequel j'ai le plus d'expérience… plus d'une dizaine d'années ! Les employeurs vont forcément se battre pour mes compétences de vendeur !

Croyez-le ou non, à toutes mes candidatures pour obtenir un poste dans la vente, j'ai reçu une seule réponse qui, de surcroît, était négative et m'expliquait que je n'avais pas le profil requis…

A bout d'idées, je prends la décision de reprendre mes études. Je viens d'obtenir une licence professionnelle en RH, je peux bien pousser et faire un Master et, ainsi, mettre un pied dans une entreprise lors d'un stage pratique. Cela me permettra sûrement de prouver mes compétences à l'entreprise qui m'accueillera en stage. Mais je suis bien conscient qu'un master, c'est 2 ans d'études et il ne me reste qu'un an d'indemnisation. J'ai contacté un organisme de formation et, après un entretien passé au sein de leurs locaux, ils m'annoncent que leur formation serait idéale pour moi. Quand j'aborde la question du financement de cette formation, ils m'orientent sur le conseiller de mon agence pour l'emploi. Je prends donc un rendez-vous avec ce nouveau conseiller qu'on m'a attribué : M. Emile Bredouille. J'annonce mon projet de reprise d'études à M. Bredouille. Je lui explique qu'après presqu'un an de recherche d'emploi en vain, un des moyens pour moi de remettre un pied dans l'entreprise est de poursuivre mes études. Je lui demande s'ils peuvent me soutenir financièrement, il me rétorque que j'ai très peu de chance, à mon âge, à 40 ans, de trouver une entreprise qui va me prendre en alternance. Là où j'ai l'impression de voir une porte s'entrouvrir, il me la re-claque en pleine figure. Je me souviens revenir chez moi après cet entretien, dépité, très en colère. Mon premier réflexe, une fois arrivé à la maison, est de prendre l'adresse mail que j'avais obtenue presque 6 mois auparavant et de contacter Mme Laniaux pour lui demander un entretien exceptionnel, prétextant vouloir avoir un deuxième avis. Je lui rappelle que nous nous étions vus lors d'une simulation d'entretien dans le cadre de la « Promotion de profil ». Mon intention réelle, à ce moment précis, est de rencontrer cette responsable pour lui demander de me changer de conseiller qui ne m'est d'aucune aide et qui ne me donne aucun conseil concret.

Elle répond à mon mail en m'expliquant que, malheureusement, elle ne peut me recevoir car elle est, le lendemain soir, en congés. Mais elle me propose de passer à l'agence la semaine suivante pour être reçu en entretien par 2 de ses collègues pour un contrat de remplacement.

Ma petite voix ne s'était pas trompée. Elle m'a guidé 6 mois auparavant sur les petites actions que je devais mener pour espérer retrouver un emploi et ça a payé ! J'ai travaillé presqu'un an dans cette agence de recherche d'emploi. J'y ai appris beaucoup, sur moi, sur les demandeurs d'emploi, sur les outils qui pouvaient leur être utiles. Mon année de chômage, que j'ai profondément détestée s'est avérée très utile car elle légitimait ma place en face des demandeurs d'emploi. Etant passé par là, je pouvais comprendre leur situation, leurs difficultés, leur mal-être et mon objectif premier était de les remotiver. Ma mission a été couronnée de succès puisque mon contrat a été renouvelé. Puis, j'ai intégré une association qui m'a permis d'aider des demandeurs d'emploi pendant un an et demi, bref... ma carrière dans l'accompagnement à l'emploi était lancée.

Il n'y a pas de petites actions quand on est en recherche d'emploi et il ne faut pas hésiter à faire feu de tout bois. A court d'idées, j'ai même fait des recherches par Facebook, ai identifié une Directrice des Ressources Humaines qui publiait régulièrement des articles sur une page professionnelle du recrutement. Je lui ai envoyé un message privé pour lui expliquer la situation dans laquelle je me trouvais (tout en me disant que, de toute façon, je ne recevrai probablement aucune réponse de sa part) et pourtant... le soir même, je recevais un message privé dans lequel elle m'invitait à l'appeler tel jour à telle heure, que cela nous permettrait de discuter un peu de ma situation. J'ai pu m'entretenir avec cette dame qui, elle, avait du réseau. Elle m'a conseillé de lui envoyer un CV et une lettre de motivation qu'elle allait pouvoir transmettre à une entreprise pas très loin de chez moi. D'une petite action qui nous semble anodine peuvent s'ensuivre des évènements en chaîne. Dans ce cas précis, il n'y a pas eu de suite, mais ce contact m'a redonné le moral et la niaque pour avancer.

Cette petite voix n'est pas toujours facile à entendre. Est-ce bien elle, notre Guide, notre Ange Gardien, (peu importe comme vous souhaitez l'appeler) ou est-ce notre mental, notre imagination ? Tout ce que je peux vous dire, c'est qu'à chaque fois que cette petite voix est intervenue dans ma vie, je recevais ses conseils comme une évidence. Je ne me posais pas plus de question. J'ai comme la certitude que c'est pour mon bien et qu'il est important que j'agisse comme on me dit de le faire.

Cette anecdote m'a grandement servi à remotiver les demandeurs d'emploi que j'ai pu rencontrer. A chaque fois que je l'ai racontée, les personnes n'en revenaient pas et comprenaient que ça pouvait aussi leur arriver. Ils comprenaient l'importance de savoir écouter leur petite voix intérieure…

A l'heure où j'écris ces lignes, Alex et moi avons un nouveau rêve : celui de partir vivre en Bretagne. Un désir irrémédiable m'attire vers cette région, sans savoir pourquoi. Je ne me suis jamais rendu dans cette région fascinante, qui me semble authentique. Les seules références que j'aie de la Bretagne sont la série Imogène (incarnée à l'écran par la géniale Dominique Lavanant dans les années 80/90 sur TF1), le film très touchant de Gérard Jugnot *C'est beau la vie quand on y pense*, Nolwenn Leroy, bref... Pas grand-chose, en somme ! Je sais que cette région fera partie de ma destinée. Je veux vivre en Bretagne, je ressens très fortement ce besoin de me rapprocher de l'océan. La suite dans mon prochain livre, peut-être...

Des manifestations physiques

Quelques mois après avoir entamé mon développement personnel, vers la fin de l'année 2016, j'ai reçu des manifestations physiques par nuit. Toujours entre le sommeil et le réveil…

Jamais il ne m'était arrivé une chose pareille ! Ce dont je me souviens, c'est que je suis allongé dans mon lit, tourné sur mon côté droit puisque c'est le côté habituel sur lequel je dors. Une lumière blanche, pure et très intense mais aucunement agressive, très douce, me traverse. Une vague d'amour pur qui ondule. C'est comme si elle se fondait en moi, par l'avant de mon corps. Je sens comme des vibrations électriques qui partent du bas de ma colonne vertébrale, qui remontent et se diffusent dans tout mon dos. Je sens que c'est le signe de la présence de mon Guide ou d'Esprits Guides. Je sens qu'Ils veulent me dire : « *Prête attention ! Nous allons t'envoyer un (des) message(s)…* ».

Et des images, très blanches, s'imposent à moi : une biche, un chien, des cartes à jouer… Autant de symboles que ma mère m'apprendra à décrypter.

Sur presque deux ans, ce phénomène se produira à quatre reprises. Quand cela m'arrive, je suis tout à fait conscient et mon objectif est de prévenir Alex qui dort à côté de moi. Je rassemble toutes les forces nécessaires pour essayer de faire bouger mon pied afin de l'avertir...mais sans succès. C'est comme si j'étais paralysé.

Lors de ma troisième expérience, je ressens énormément d'amour dans cette lumière ! On m'envoie le dessin d'une tête telle qu'un enfant la dessinerait, c'est-à-dire un ovale avec des petits bâtons au-dessus pour représenter les cheveux. Ma mère m'expliquera un peu plus tard qu'un enfant avait très certainement besoin de mon aide. Je ne le comprends pas, sur l'instant.

Je veux moi aussi leur transmettre un message : celui que je les aime. J'ai la sensation que je parviens à maitriser mon esprit et je me mets à dessiner un cœur, comme avec une ardoise magique (vous vous souvenez de cet écran qu'on avait dans les années 80 avec deux petites mollettes qui nous permettaient de bouger un curseur et de dessiner toutes sortes de choses qu'on effaçait à l'envi en secouant énergiquement la tablette !) ... Par la pensée, c'est plus facile pour les courbes ! Suite à cela, j'entends le mot « Agonisant ... », « Agonisant... ». Je l'entends à deux reprises.

Quel dommage ! Ça commençait si bien et ça finit par un mot assez perturbant et même effrayant. Sur le moment, je n'en saisis pas la portée. Mais je me réveille l'instant d'après et c'est seulement à ce moment précis que j'en prends pleine conscience.

Bien sûr, je me suis demandé si ce n'était pas un rêve... Le fait est que je ne perçois pas le rêve de la même façon. Dans un rêve, je ne contrôle ni les évènements, ni les personnes impliquées, ni les émotions ressenties. Là, c'est différent. Tous mes sens sont exacerbés quand cette lumière me traverse. Mon ouïe est très aigüe. C'est un peu comme si un pétard venait de claquer près de mon oreille. J'ai l'impression d'être dans un état d'hyper conscience. J'ai cherché d'où ces impulsions électriques pouvaient venir... la présence d'un téléphone portable ? Oui, c'est vrai que j'ai la mauvaise habitude de dormir mon téléphone portable sur la table de chevet mais dans ce cas, pourquoi ces impulsions ne se reproduisent pas toutes les nuits ? Pourquoi seulement quatre fois en deux ans ? J'ai beaucoup de mal à me rendormir. Je sens qu'à côté de moi, Alex bouge beaucoup et je veux lui raconter ce qui vient de m'arriver. Je l'appelle doucement, il me répond. Chic! Je lui raconte sans parler du mot « *agonisant* », dans un premier temps, car j'ai peur de l'effrayer.

Quelques minutes plus tard, je lui précise ce détail, en me demandant pourquoi je lui dis cela et je me dis que ça risque de lui faire peur.

Je prends alors mon livre de prière d'Allan Kardec car j'ai commencé une neuvaine que je veux poursuivre. Je me concentre et lis, en moi-même, 2 prières. Après les avoir lues, je jette un œil pour la première fois de ma vie sur la table des matières à la fin du livre et je parcours les intitulés de prières. Tout en bas sur la page de gauche, je lis: « *Pour un agonisant* ». Désolé mais le premier mot que j'ai sorti, c'est : « *Oh p*@ # !* ». J'en ai pleuré.

J'étais tellement content d'avoir raconté ce détail à Alex (le détail du mot que j'avais entendu 2 fois : « *agonisant* »). J'ai bien évidemment lu cette prière avec tout mon cœur.

Je pense, avec le recul et mes connaissances, que les Esprits souhaitaient que je prie pour les personnes agonisantes, souffrantes. C'est la simultanéité des évènements qui me surprend à chaque fois et l'on pourrait se dire que ce ne sont que des coïncidences mais l'enchaînement de signes, au bon moment, au bon endroit, me fait comprendre que ce sont des messages que l'on me transmet.

Ne plus en avoir peur, ne plus craindre quoi que ce soit. Avoir confiance en moi, en Eux. Là est la clé.

Je dois ajouter que j'ai commencé à écrire ce livre quelques mois après avoir entamé mon développement personnel, soit début 2017.

Je viens juste d'acquérir le nouveau livre de Stéphane Allix intitulé *Après…* qui relate différents témoignages de personnes ayant reçu des signes suite à la perte de proches. Quand je lis, ce 10 octobre 2018, à la page 187 :

« Encore un matin, très tôt, alors qu'il se trouve entre le sommeil et l'éveil, [Clément] est subitement parcouru d'une sorte d'intense vibration. », je ne peux qu'être ébahi de

réaliser que je ne suis pas le seul à avoir eu des sensations similaires. Ce moment d'entre deux (entre sommeil et réveil), une sensation de vibration qui parcourt le corps, ce sont exactement les sensations que j'ai ressenties à plusieurs reprises ! Je dois en parler, ne plus le cacher. Pourquoi tout cela devrait-il rester caché ? Par peur qu'on me prenne pour un illuminé ? Qu'importe, j'ai ma conscience pour moi. Ceux qui me traiteront de menteur ne me connaissent absolument pas. Ils me diront que je suis complètement fou et ça m'est bien égal car je sais que ce que j'ai vécu et ressenti, tout cela était bien réel.

Des signes de mon père

Mon père, j'aurais aimé le connaître beaucoup plus. D'un naturel insouciant, il aimait plaisanter, jouer des tours à tout le monde autour de lui. Il aimait profiter de la vie dans tous les sens du terme jusqu'à l'abus, parfois... Et je ne lui ai pas accordé l'attention que j'aurais dû. Je le regrette.

Des bons moments passés avec lui, j'en ai eus. Mon père m'a appris à rouler à vélo sans les deux petites roues additionnelles à l'arrière. Quand j'ai environ 8 ans, un soir, alors que ma sœur et moi passons le week-end chez lui, je me plonge dans le livre *Popeye*, le livre du film de Walt Disney. Je lis les aventures du marin joué par Robin Williams et je me demande si, un jour, j'aurais la chance de voir le film au ciné ou à la télévision. Mon père, lui, se coupe des petits bouts de plaque noire de réglisse forte (les plaques de Zan) et m'initie à ce goût étonnant. Finalement, c'est particulier mais ça ne me déplaît pas. Adulte, je continue occasionnellement de m'en couper quelques petits bouts de temps en temps en pensant à lui.

Le lendemain, on va passer le dimanche chez mes grands-parents paternels. J'adore aller chez eux et avec Papa, on passe du temps à travailler au jardin potager de mon grand-père. Ses légumes sont magnifiques et c'est un régal pour les papilles quand ma grand-mère les cuisine. Mon grand-père est un homme courageux qui a connu des épreuves pénibles dans sa vie. Non seulement il a fait la guerre mais il a aussi lutté contre le diabète au point d'avoir subi une ablation des jambes causée par la gangrène générée par son diabète. Ça ne l'a jamais empêché, par la suite, de bêcher son jardin à l'aide de ses prothèses, de conduire sa voiture pour aller faire les courses, de passer son temps à bricoler ici et là dans la maison et dans sa remise extérieure… Je tiens vraiment à lui rendre hommage car peu de personnes auraient eu le cran de subir ce qu'il a vécu sans broncher.

C'est le printemps et le soleil brille aujourd'hui. Quelle chance ! Je suis vêtu d'un petit short bleu ciel et d'un t-shirt. Ce matin, j'entre dans le pigeonnier de mon grand-père. A peine la grille passée, je sens un liquide visqueux s'étaler le long de ma jambe nue ! Surpris, je comprends qu'un pigeon a laissé tomber sa fiente sur moi. Choqué, je sors du pigeonnier précipitamment, bien conscient que les obus pourraient être plus nombreux à chuter au-dessus de ma tête ! Je ne suis pas partisan d'une guerre humain/volatile et j'ai toujours préféré éviter les conflits !

Après le repas, les grands font la vaisselle et mon père, torchon à la main, jette l'extrémité du tissu contre les cuisses d'une de mes tantes ou l'un de mes oncles puis tire promptement le torchon aussi sec, ce qui a pour effet de claquer et de provoquer une douleur bien sentie chez la personne visée. Ça m'a toujours fait mourir de rire et j'en redemande à mon père qui ne se fait pas prier pour recommencer. Une fois adolescent, quand je serai la personne visée par le torchon, je trouverai ça d'une puérilité sans nom !

Un jour où nous passons chez le marchand de tabac, je supplie mon père de m'acheter une BD de *Wonder Woman* de la collection « Super Action ». Je me souviens le voir rechigner mais il accepte finalement. C'est un cadeau qui m'a longtemps marqué. Merci Papa d'avoir, malgré toi, contribué au développement de ma culture gay !

Des bons souvenirs et des moins bons... Quand je dis que mon père était d'un naturel insouciant, c'était parfois à la limite de l'irresponsabilité. J'ai 10-12 ans quand il habite en banlieue parisienne. Il adore les films d'horreur et ne se prive pas de diffuser un soir la cassette vidéo de *Evil Dead*, film de Sam Raimi sorti en 1981, tandis que notre belle-mère nous amène nos assiettes de spaghettis bolognaise... J'ai préféré m'éclipser dans la chambre adjacente au salon pour aller dormir. Les hurlements des personnages féminins transformées en sorcières, l'hémoglobine en veux-tu en voilà, très peu pour moi. Seulement, le mur fin comme du papier à cigarette ne fait pas le poids et je me souviens me boucher les oreilles désespérément, me demandant quand ce cauchemar va enfin s'arrêter.

Décédé le 15 octobre 2000, mon père s'est manifesté assez rapidement auprès de ma sœur Cendrine. Elle est en train de faire son repassage tout en regardant la télé lorsque son attention est subitement attirée par la musique tonitruante d'un jouet qui retentit dans l'une des chambres des enfants. Lorsqu'elle se rend dans la chambre en question, elle comprend qu'il s'agit d'un gros avion bleu qui s'était subitement mis en route « tout seul ». Ce qui lui paraît extraordinaire, c'est que le bouton de mise en route est en position « Off » et que pour l'éteindre, elle a dû pousser ce bouton à nouveau sur « On » puis sur « Off ». Jamais elle n'avait été embêtée par ce jouet et ne le fut plus jamais par la suite. Elle en a déduit que ça ne pouvait pas être un faux contact puisque ce n'est arrivé qu'une seule fois sur de nombreuses années et l'objet s'est manifesté à peine un mois après le départ de notre père.

Depuis plus d'un an, une fois tous les quinze jours, je participe à des séances de médiumnité que ma mère préside.

Lors de ces séances, les thèmes abordés sont variés : ce sont des questions posées à nos Esprits Guides, nos Esprits instructeurs, sur le développement de notre médiumnité, sur l'aide qu'on peut apporter que ce soit à des personnes sur terre ou des personnes qui sont passées de l'autre côté. Nous invitons des êtres chers parfois à nous rejoindre quand cela leur est possible pour leur témoigner notre amour et pour recevoir leurs messages.

Non seulement, mon père s'est déjà exprimé quand il a transmis à ma mère qu'il s'occupait à faire voler les oiseaux, une jolie façon de me faire comprendre que l'Au-Delà existe bel et bien mais il faut savoir qu'il s'est manifesté une autre fois, le jeudi 18 janvier 2018, l'avant-veille d'une séance pour laquelle je l'avais invité.

Je me réveille ce matin-là et une chanson au titre évocateur s'impose à mon esprit : *Dans la lumière* de Mike Brant. Elle tourne en boucle, comme si on me la martelait dans le cerveau. Puis une seconde chanson de Mike Brant enchaine : *C'est ma prière*. Mike Brant ne fait absolument pas partie du répertoire musical que j'écoute. Je n'ai aucun CD, aucun mp3 de cet artiste.

Mon père aimait beaucoup Mike Brant, sa voix, ses chansons. Mon père aimait aussi beaucoup la gent féminine et j'ai le sentiment qu'il se projetait dans ce « chanteur à minettes ». Lorsqu'il venait nous chercher pour nous emmener passer les vacances chez lui en banlieue parisienne, là où il avait déménagé, il nous imposait tout son répertoire pendant les 2 heures 30 de trajet.

Ce qui me fait penser que c'est bien lui et pas autre chose, c'est que les chansons qui se sont imposées à moi ne sont pas anodines au niveau du texte. Ce ne sont pas les chansons *Qui saura* et *Laisse-moi t'aimer* que j'ai entendues ce matin-là !

C'est ma prière
Je viens vers toi
C'est ma prière
Je suivrai ta loi
C'est ma prière
Un jour viendra
C'est ma prière
Et le monde changera

Un nouveau jour sur la terre
Nous portera la lumière
Et le soleil brillera
Comme un message d'espoir
Sur un monde sans frontières
Si tu entends ma prière
Tous les hommes de la terre
Bâtirons l'éternité
Sur une île de beauté
D'amour et de liberté

C'est ma prière
Entends ma voix
C'est ma prière
Et reste près de moi

[…]

Ok, j'ai compris Papa. Je sais que c'est ta façon de me faire comprendre que tu es heureux que nous ayons rendez-vous ensemble samedi après-midi pour la séance. Et je m'en réjouis aussi.

Quand une idée, une chanson, une phrase martèle votre esprit, c'est bien souvent un message qu'on vous envoie et je vous conseille d'y prêter attention…

Le 1er septembre 2018, nous sommes en séance lorsque j'entends à la fin de ma concentration une mélodie d'une chanson de Mike Brant. Impossible d'en donner le titre. Lors des recoupements en fin de séance, je fredonne la mélodie à ma mère qui reconnait la chanson et me donne des bribes de phrases. Je les note, ce sera pratique pour en retrouver le texte et le titre sur internet.

Lorsque je trouve le texte et que je le lis, je sais que mon père est venu me dire bonjour :

Viens ce soir on va rire et chanter
Viens ce soir on va boire et danser
Viens, allons chercher au fond d'un verre
Tout l'amour qui a quitté la terre

Il y a dans ma chanson
L'espoir que nous perdons
Viens rêver, ne tarde plus
Rattrapons le temps perdu

La moisson des jours heureux
Viens ce soir la faire un peu

[…]

Des enfants heureux là-bas grandissent
Je voudrais là-bas avoir un fils

il y a au fond d'un verre
Un monde sans frontières
Où l'on parle avec son cœur
Au soleil des jours meilleurs
Viens chanter la liberté
Viens ce soir la voir de près

[…]

Viens, allons chercher dans ma chanson
Tous les jours heureux dont nous rêvons

Ce qui me surprend, c'est que cette chanson, je n'en connais que la mélodie. C'est également la portée spirituelle de ces paroles (exactement comme les précédentes !). Elle me tombe dessus en pleine séance et je ne sais pas pourquoi puisque je ne connais absolument pas les paroles. Ce n'est qu'en découvrant le texte sur internet que j'en saisis l'importance. L'impression qu'on me martèle encore et encore la chanson à mon insu, c'est, pour moi, la preuve qu'il s'agit bien de lui. C'est le moyen pour mon père de communiquer avec moi, de me faire comprendre qu'il est bel et bien toujours vivant quelque part, pas si loin...

Un soir, alors que je suis au lit, en train de lire, allongé à côté d'Alex, je lui raconte soudain que j'ai un souvenir, que je ne sais pas de quand il date, ni même s'il a jamais existé, était-ce un rêve ou une sensation vécue réellement ? Toujours est-il que je lui raconte me souvenir être dans l'espace, me propulser à une vitesse vertigineuse d'un endroit à un autre, je vois des étoiles tout autour, et je passe d'une planète à une autre... Je me souviens lui expliquer :

- *Je ne sais pas si c'est le souvenir d'un rêve que j'ai fait étant tout petit ou même si c'est quelque chose que j'ai vécu avant ma naissance...*

Puis je me surprends à ajouter une information supplémentaire et lui annonce que, sans savoir pourquoi, j'associe ce souvenir ou ce rêve à une pochette de 45 tours que mon père avait acheté lorsque j'étais tout petit, un 45 tours d'une chanteuse qui s'appelait « Jennifer ». Je me souviens lui avoir raconté que c'était une pochette noire avec une femme en tee-shirt mouillé, très sexy et finalement, j'ajoutais en riant que c'était bien les goûts de mon père !

En surfant sur internet à l'aide de mon téléphone portable, je retrouve la pochette du disque. Le titre de la chanson est *Do it for me* et quelle surprise quand je vois au-dessus de la photo de la chanteuse 2 étoiles (sur les « i » de Jennifer et de *Do it for me*). Mais ma surprise ne s'arrête pas là. En poursuivant mes recherches le même soir, j'apprends que ce titre a fait partie d'un album (un 33 tours) intitulé *Walking in space* (« Marcher dans l'espace »).

D'une part, mon père n'a jamais eu l'album à la maison, nous n'avions que le disque 45 tours. D'autre part, j'avais entre un et 2 ans quand la chanson est sortie. Je ne parlais pas du tout anglais évidemment. Pourquoi ai-je associé ce souvenir d'un voyage dans l'espace avec cette pochette de disque ? Comment pouvais-je savoir qu'un lien existait entre les deux ? Le mystère, à mes yeux, reste entier !

Comment se déroulent nos séances de médiumnité

J'avais des préjugés comme tout le monde, des aprioris sur la médiumnité. Pour moi, la médiumnité n'était accessible qu'à une élite, à des êtres au-dessus de tous les autres. C'était un don offert par Dieu, un pouvoir réservé à une petite partie de la population. Elle devait sûrement consister d'abord dans les contacts avec l'Au-delà au moyen du matériel. Oui, c'est ce que je croyais. Il fallait au moins avoir une boule de cristal, des cartes, un guéridon et un grimoire avec des formules, tant qu'on y est... J'associais médiumnité avec magie.

La médiumnité, c'est avant tout une question de confiance. Ma mère m'a appris à avoir confiance en moi en premier lieu. Elle m'a appris que chaque personne est médium, à un degré plus ou moins avancé. Elle m'a expliqué que chacun choisit, selon son libre-arbitre, de développer cette faculté ou non. Je dis bien faculté plutôt que don. La médiumnité, pour moi, n'est pas un don puisque tout le monde l'a. C'est une faculté qu'on choisit ou non de développer. Donc, non seulement la médiumnité concerne tout le monde mais c'est avec humilité qu'on parvient à la développer. Quand on part du principe que tout le monde a de la médiumnité en soi, ça permet déjà de redescendre de son piédestal si l'on est tenté de s'y installer.

Il faut avant tout que je vous explique que, si vous vous attendez à ce que je vous raconte que ma mère et moi faisons tourner les tables, faisons s'élever des objets et agitons des baguettes magiques, passez votre chemin. Ce n'est pas du tout la façon dont nos séances se passent. Les médias (en particulier la télévision) ont toujours associé la médiumnité avec le paranormal, le fantastique et par extension des éléments susceptibles d'effrayer les téléspectateurs. Les émissions sont très souvent tournées à grand renfort de musique angoissante et d'images traumatisantes. Je ne peux oublier l'émission Mystères diffusée sur TF1 entre 1992 et 1994, présentée par Alexandre Baloud. Cette émission traitait des phénomènes paranormaux et surnaturels et son générique nous terrifiait ma mère et moi. Une fois le programme terminé vers 22h45, ma mère devait descendre à la buanderie lancer une machine à laver. Moi, j'étais censé monter à l'étage dans ma chambre pour aller dormir. Courageux mais pas téméraires, nous avions convenu de nous accompagner l'un l'autre, prétextant un soutien moral suite aux frayeurs ressenties lors de cette soirée.

Sachez que nos séances n'ont strictement rien à voir avec les bêtises que l'on peut voir, ici et là, à la télé. Nos séances sont empreintes de beaucoup de bienveillance, de calme et de respect. Elles se doivent d'être tenues dans un état d'esprit positif. Avant chaque séance, une demande de protection est lue et ressentie par chacun des participants et tout se fait dans la simplicité absolue.

Ma première séance de médiumnité a lieu le 12 novembre 2016 par Skype. Je ne sais pas comment je dois procéder mais je me laisse guider par ma mère. Nous commencerons toujours nos séances en nous assurant que l'un et l'autre aillent bien, se sentent bien. C'est très important d'être dans de bonnes conditions pour aller au bout de la séance. Nous l'entamons généralement par la lecture d'un texte. Un peu d'étude n'a jamais fait de mal à personne. Pour le choix du texte, soit l'un de nous en a repéré un sur les semaines qui ont précédé, soit on se laisse inspirer par nos Esprits Guides et prenons un texte « au hasard » dans *Le livre des Esprits, Le livre des médiums* ou *L'évangile selon le spiritisme* d'Allan Kardec. Il est à noter que, très souvent, lorsque l'on se laisse guider au « hasard » pour choisir un texte, le contenu se révèle extrêmement utile pour l'un d'entre nous qui a eu à vivre une expérience en rapport avec ce texte la semaine précédente.

Ensuite vient une phase de préparation d'une vingtaine de minutes pendant laquelle nous faisons le vide en nous. Nous nous recueillons en silence et appelons nos Esprits Guides pour qu'ils nous assistent lors de cette réunion. Vient alors le moment de lire l'indispensable demande de protection. La demande de protection est la base. Elle représente l'humilité de ne pas se croire supérieur et plus fort que quiconque. Elle doit être lue avec le plus grand sérieux et le plus grand recueillement. Nous posons ensuite nos questions et accordons une dizaine de minutes par question pour la réception des messages. Sur les conseils de ma mère, j'essaye de me laisser aller et de noter, de dessiner, ce qui vient à moi. Des images extrêmement rapides, parfois blanches, parfois colorées, que je m'empresse de mettre sur papier. Lors des séances, le participant doit avoir conscience de n'être qu'un tuyau, un truchement comme j'aime à l'appeler. Il s'agit donc de transmettre les informations telles qu'elles arrivent (comme le disait Elie Kakou dans son sketch « *Le médium* »).

Quand on commence les premières séances de médiumnité, on reçoit tout d'abord des images, parfois très furtives, parfois qui prennent le temps de s'imprimer dans notre esprit. Elles peuvent sembler sans importance mais il est primordial de leur accorder toute notre attention. La difficulté quand on débute est qu'on se demande souvent : « Mais ça vient de moi, c'est mon mental, ou c'est vraiment une image qu'on m'envoie ? » D'où la nécessité de faire le vide et de laisser venir. Parfois, on sent que, dans l'image qu'on perçoit, un détail semble émerger et ce n'est pas anodin. Les nombreuses séances auxquelles j'ai pu participer m'ont prouvé que les détails qui me paraissaient de prime abord insignifiants se révélaient d'une importance capitale pour la suite, au moment des recoupements.

Nous terminons par une prière, préparée ou spontanée à l'attention des personnes qui souffrent, qui ont besoin d'aide et nous faisons nos remerciements à nos Esprits Guides.

Enfin, nous débriefons pour recouper nos informations et comprendre pourquoi telle ou telle image nous a été envoyée. Les recoupements en fin de séance permettent de comprendre les messages que veulent nous transmettre les Esprits Guides, que ce soit dans les premiers temps pour notre développement personnel, pour notre développement médiumnique et ensuite pour aider autrui.

Une séance exceptionnelle

Le samedi 04 mars 2017, Alex est parti en séminaire pour son boulot. Je suis seul à la maison et je fais une séance de médiumnité avec ma mère par Skype. Ça fait 4 mois que j'ai commencé les séances avec elle. Ce doit être la 7ème ou la 8ème séance à laquelle je participe.

Au sommaire du jour, lecture de textes sur l'enseignement spirite que l'on choisit de préférence dans les livres d'Allan Kardec puis préparation et questions à nos Esprits Guides. Parmi celles-ci, une question sur mon développement médiumnique, une demande de conseils pour mon évolution. Lors de la séance, quand nous abordons cette question, je me concentre, je ferme les yeux. Les images sont très subtiles et rapides. J'essaie de lâcher prise et d'être le plus détendu possible tout en restant attentif. Parmi les symboles qui m'apparaissent, je vois un quatre écrit d'une manière spécifique (tous les traits sont reliés - voir dessin original). Le chiffre 4, c'est le nombre des nobles vérités dans la croyance bouddhiste. Il représente aussi les quatre éléments de la Grèce classique que sont le feu, l'air, l'eau et la terre. Enfin, en numérologie, le « 4 » symbolise la réalisation.

Juste après ce 4, je vois un œil de chat, très jaune avec du noir autour. Cet œil de chat me fait penser à celui de mon chat Chips, que j'appelle « Chipsou ». J'ai trois chats à la maison qui ont chacun leur personnalité. D'abord Biskot, la plus âgée depuis la mort de Cho7. Biskot est la tigrée solitaire. Elle n'est pas agressive mais il vaut mieux la laisser venir vers nous lorsqu'elle est en recherche d'affection. Ensuite Chips, le plus adorable des chats que j'ai pu connaitre. Mon petit « Noiraud » est insatiable dans son besoin d'être câliné et il cultive aussi une jalousie maladive dès que Biskot vient demander sa part. Enfin, Allumette, la petite dernière, toujours collée aux basques de Chipsou. Quand Alex et moi sommes allés chercher cette petite chatte écaille de tortue, nous avons remarqué que son père était tout noir, comme notre Chipsou. Cela a dû faciliter l'intégration de la petite dernière qui s'est tout de suite prise d'affection pour ce père de substitution.

Cet après-midi-là, je reçois donc, entre autres signes, un 4 puis un œil jaune de chat noir.

Vers la fin de la séance, des frissons me parcourent le dos. Ma mère m'explique que, lorsqu'on ressent des frissons, ce sont des Esprits qui nous prennent de l'énergie afin de pouvoir se manifester. A l'inverse, lorsque vous avez besoin d'énergie, vous ressentez de la chaleur que vous envoient les Esprits. Nous remarquons qu'une forme bleutée passe rapidement devant moi, sur l'écran de l'ordinateur, à intervalle régulier, une fois, deux fois, dix fois. Ma mère comprend qu'une entité essaie de se manifester. Elle ajoute alors une question supplémentaire à la séance, demandant aux Esprits Guides ce que représente cette forme bleutée qui ne cesse de passer entre mon écran et moi et ce qu'il convient de faire. Ma mère reçoit des messages qui lui font comprendre qu'il s'agit d'une mission que l'on me confie, que je dois aider cette entité à passer de l'autre côté du voile, qu'elle est bloquée dans le monde terrestre. Je ressens qu'il s'agit d'une femme, qui est totalement perdue, dans un état de confusion absolue. Avant chaque passage de cette forme bleue devant moi, des frissons intenses me parcourent le dos. C'est systématique.

Je ne sais pas ce que je dois faire. Ma mère m'explique que je vais devoir m'adresser à cette entité, que je peux le faire le soir, avant de me coucher, quand je serai au calme. Elle me conseille sur la façon dont je dois m'adresser à elle, avec bienveillance et tout l'amour dont je suis capable avec la réelle intention de l'aider, de faire quelques prières, de lui indiquer les moyens à mettre en œuvre pour retrouver les êtres chers qui l'aiment et qui l'attendent. Petit à petit, les frissons s'atténuent et je ne ressens plus rien physiquement. La séance touche à sa fin.

Le soir même, je m'allonge dans mon lit, seul et pas tout à fait à l'aise, je dois l'avouer. J'allume la télé et je visionne un programme quand mon chat, Chipsou, saute sur le bout du lit pour me rejoindre et fait un bond en arrière aussitôt retombé sur le matelas comme s'il avait vu quelque chose sur moi ! J'avoue que je n'en mène pas large et je le traite de tous les noms, le cœur battant à tout rompre et rejetant la faute sur cet imbécile qui a bien failli me faire mourir de peur... Puis je me mets à réciter quelques prières et m'adresse à l'entité. Je tiens à préciser que la médiumnité, à mes yeux, ne fait rapport à aucune religion précise et que l'on peut très bien prier sans avoir de conviction religieuse. On peut croire en un « Dieu », une « Source », un « Tout » sans forcément associer ses croyances à une religion précise.

Je hausse le niveau sonore de la télé pour me rassurer et finis par m'endormir.

Vers 23h30, je me réveille. La télé est toujours allumée. Un peu comateux, je l'éteins puis m'endors tout à fait.

En pleine nuit, je me réveille car j'entends du bruit, un bruit de vomi… un de mes chats est en train de vomir… Il est 4h40 du matin. J'allume la lampe de chevet et vois Chipsou me faire un beau vomi sur le sol… Je me lève et vais chercher de quoi nettoyer.

Même si je n'en saisis pas la signification, je fais un rapprochement évident entre le chiffre 4 et l'œil de chat que j'ai reçus lors de la séance quelques heures auparavant.

Mais l'histoire ne s'arrête pas là. Deux ou trois mois plus tard, je lis *L'autre côté de la vie* de Philippe Ragueneau. L'auteur retrace la maladie et la mort de son épouse Catherine Anglade. Il raconte de quelle façon elle continue de communiquer avec lui après sa mort. Lorsque j'atteins la page 84, Philippe Raguenau nous relate l'annonce de la mort de son épouse Catherine par sa fille Sylvie en ces termes : « *C'est Lulu [le chat de Philippe Ragueneau et de Catherine] qui nous a réveillés. Il a vomi à 4 heures du matin...* ». Il explique ensuite qu'une de leurs amies, Thérèse, lui dira plus tard : « *A 4 heures du matin, cette nuit-là, mon chat noir a vomi. Et j'ai compris [que Catherine venait de décéder]...* ».

A ce moment précis, je sais que j'ai aidé cette entité à passer de l'autre côté du voile et qu'elle y est parvenue à 4h40 du matin. Merci à mes Guides de m'avoir assisté dans cette première mission.

Une décorporation

En fin de nuit, le 30 mai 2017, je suis seul à la maison. Alex est parti une fois encore en séminaire dans le cadre de son travail. Et à nouveau, je suis à mi-chemin entre le sommeil et le réveil. Il est entre 5h30 et 5h45.

Bien que je sois étendu dans mon lit, je me visualise debout, dans mon salon, le regard tourné vers ma cuisine. J'ai soudain le ressenti d'une décorporation, par le haut de mon corps. C'est comme si j'étais une étiquette qu'on décollait d'un support. La sensation n'est pas désagréable, loin de là. Je me sens flotter, léger comme une bulle de savon. Je ressens chaque cellule qui compose mon nouveau corps. Je ressens tout de façon très intense, ce que je pourrais appeler un état d'hyper conscience, et je me mets à monter lentement au plafond en me disant : « *Mais oui, bien sûr, c'est ça qu'on ressent quand on fait une décorporation ! Comment ai-je pu oublier ?* ». Je ne ressens pas le besoin de regarder mon corps physique en dessous. Pourquoi ? Je n'en sais rien. Ce qui m'importe, c'est mon nouvel état, la sensation de liberté que ça me procure. Détaché de toute contrainte matérielle, je me sens bien.

Soudain, je me retrouve en une fraction de seconde à environ 1m50 devant moi, toujours au plafond mais cette fois-ci, dans ma cuisine. Je ne me suis pas vu traverser le mur mais c'est comme si je m'étais spontanément téléporté. J'ai une vue panoramique à 360° et je focalise mon attention vers le bas, vers mes plaques de cuisson. Je vois ma mère, occupée à cuisiner. Elle habite à Tours, je vis en Alsace. Je remarque qu'elle est en train de couper des rondelles de tomate. Je ressens un amour incroyable de la voir chez moi, un immense bonheur. Elle se retourne et regarde vers le haut, dans ma direction. Pourtant, elle ne me voit pas. Son regard me traverse. Comme si elle regardait dans le vide. Je sens qu'elle cherche à voir quelque chose, qu'elle ressent ma présence! Je le sais et je le sens, mais elle ne parvient pas à me voir physiquement.

J'ai conscience que je ne suis plus un corps, que je n'ai donc plus de bouche, plus de cordes vocales, plus de gorge... Mais je veux absolument communiquer avec elle et je lui dis alors en pensée, par télépathie : « *Mum, je sais que tu sens ma présence. Je suis là, près de toi, je suis là* ». Je fais tous les efforts possibles pour « hausser la voix », ou « hausser ma pensée » mais cette voix, si tant est que ce soit une voix, est comme ma voix réelle mais ralentie, plus creuse, plus basse. Comme si un enregistrement audio de ma voix sur 45 tours passait en 33 tours. Je suis interloqué par cette nouvelle voix que j'entends (du moins si je suis capable d'entendre, puisque je n'ai plus d'oreille !) mais je me concentre davantage sur le message que je veux lui faire passer.

Puis je reviens à moi, brusquement, dans mon corps terrestre, dans mon enveloppe matérielle. Je suis étendu dans mon lit. Je me sens perturbé de cette expérience à mi-chemin entre rêve et réalité.

Bien évidemment, j'ai conscience qu'une partie de cette expérience est un rêve. Ma mère réside sur Tours et je suis domicilié en Alsace. Mais mon ressenti au moment où je fais cette expérience est tellement différent comparativement à ce que je perçois lorsque je suis en train de rêver, plongé dans un sommeil profond…. Je me rends bien compte que je suis totalement lucide, contrairement aux autres nuits où je suis à moitié conscient quand je dors. A nouveau, les sensations sont décuplées, intensifiées. C'est comme si je savais que ce que je suis en train de vivre est exceptionnel, que ça ne se reproduira pas toutes les nuits... Et je vous confirme que je n'ai plus jamais revécu cela depuis.

L'entre deux

C'est très souvent à mi-chemin entre sommeil et réveil que des évènements se sont produits dans ma vie : les « impulsions électriques » que j'ai pu ressentir à trois reprises par exemple, mon chat Chipsou qui a vomi à 4h40 du matin la nuit où j'ai prié pour aider une entité à passer de l'autre côté.

Dans la nuit du 5 au 6 janvier 2018, j'ai rêvé à trois reprises. Dans l'un de mes rêves, je voyais l'une de mes tantes récemment disparue d'un cancer des reins foudroyant. Je l'appelais Tatie Javel. Très à cheval sur la propreté, elle avait l'habitude de faire tremper ses éponges et les lavettes de son évier dans une dose phénoménale de Javel avec quand même un peu d'eau. Ça sentait le propre chez elle, on ne pouvait pas en douter. Tatie Javel était d'une drôlerie ! Elle faisait rire tout le monde autour d'elle, à commencer par son époux, l'un des frères de mon père et parrain de ma sœur Cendrine.

Dans mon rêve, je devais emmener Tatie Javel faire un examen médical. L'hôpital ressemble plus à une vieille maison bourgeoise, très haut de plafond. De la voiture qui nous a emmené jusqu'à cet hôpital, je conduis ensuite un Segway. Une fois entrés, Tatie derrière moi, nous traversons très rapidement de pièce en pièce. Je comprends qu'elle ne veut pas voir certains médecins et c'est pourquoi elle veut que j'aille très vite. Un des médecins qu'elle a déjà rencontrés auparavant la reconnait et nous demande de nous arrêter immédiatement. Je comprends qu'elle ne veut pas le voir et nous nous enfuyons pour arriver dans une pièce qui, cette fois-ci, ressemble beaucoup plus à une salle d'examen médical. Je comprends qu'elle doit suivre de la chimiothérapie. En l'attendant, je croise des malades. Ils sont tristes ce qui me fait, à mon tour, ressentir beaucoup de tristesse pour eux.

Lorsque je serai entre sommeil et réveil au petit matin, pendant je pense au moins une demi-heure, deux messages de ma tante sont martelés dans mon esprit : un visuel puis une phrase que j'entends. Le message visuel est une tranche d'orange, un quartier joliment coupé, tourné vers le haut. Il m'évoque un sourire et je sens qu'elle veut faire passer à son mari le message qu'il doit continuer à sourire. Je ressentais l'humour de ma tante qui n'en manquait pas, loin de là. Pour moi, l'orange est un agrume du soleil, sa couleur est gorgée de sa chaleur. C'est un fruit plein de vitamines et très réconfortant.

J'entends ensuite une phrase, encore et encore. Je me souviens l'avoir entendue au moins à trois reprises : *« Anémie ? Ah, n'ai plus ! »*.

Je comprenais par ce jeu de mot que Tatie Javel ne ressent plus la maladie.

J'ai transmis le message à ma sœur pour qu'elle essaie d'aborder le sujet avec mon oncle, son parrain.

D'une part, nous aurons la confirmation que Tatie Javel, avant de tomber dans le coma et d'être emmenée aux urgences avait chuté une première fois, se demandant ce qu'il se passait. Elle arborait alors un grand sourire. Je ne pus m'empêcher d'associer ce sourire au quartier d'orange qu'on m'avait envoyé.

D'autre part, j'ai lu qu'un cancer des reins pouvait parfois s'accompagner d'anémie (une baisse des globules rouges) ou de l'effet inverse. Je n'ai pas pu avoir confirmation si ma tante avait eu ces symptômes.

Evelyn Elsaesser décrit dans le livre que j'ai déjà cité précédemment *Quand les défunts viennent à nous* que « *les VSCD [Vécus Subjectifs de Contacts avec les Défunts] se produisant pendant le sommeil ou en état de somnolence sont très courants* ».

Etre entre le sommeil et le réveil favorise le contact avec nos êtres chers, probablement parce que nous sommes dans un lâcher prise que nous n'avons pas quand nous sommes pleinement éveillés dans notre matérialité.

J'ai pu remarquer également que les moments d'entre deux, que l'on nomme aube et crépuscule, sont les moments qui favorisent les contacts avec l'au-delà. Avez-vous déjà prêté attention à cette lumière si particulière qui se répand dans l'atmosphère lors de ces moments précis ? Quand cela se produit, j'ai l'impression que toutes les couleurs à l'extérieur s'intensifient : la nature se montre sous un aspect exceptionnel, l'herbe, les branches et les feuilles d'arbre, les fleurs... Depuis que j'ai entamé mon développement personnel et spirituel, j'ai compris qu'il est très important de savoir prendre le temps d'apprécier ces petits moments essentiels. Si vous parvenez à ressentir le moment où le soleil se couche, que vous avez la possibilité de vous rendre dans votre jardin ou sur votre balcon, prenez le temps d'apprécier ces nouvelles couleurs, de respirer profondément l'air ambiant et de faire le vide en vous. Profitez-en pour fermer les yeux et écouter les oiseaux gazouiller. Reconnaissez le pouvoir de la Nature. Vous sentirez une énergie vous parcourir et vous régénérer.

Sans être à 100% dans la méditation, cela permet de prendre un peu de temps pour soi, se mettre en lien avec la nature qui nous entoure, profiter tout simplement de l'instant présent. Dans un monde où les catastrophes se succèdent, où le jugement et la critique dominent de toutes parts, il me semble essentiel de revenir aux vraies valeurs d'apaisement et de sérénité en accordant un minimum d'attention à ces petits moments d'introspection.

L'aube, du latin *alba* qui signifie blanche, c'est ce moment qui précède l'apparition du bord supérieur du soleil, ce qu'on appelle l'aurore. C'est ce moment où doucement, petit à petit, la lumière se fait, blanche. Lentement, la nature, les animaux, les végétaux, les insectes, s'éveillent, entre douceur et harmonie. Au sens figuré, l'aube représente la naissance ou le commencement d'un événement quel qu'il soit.

Dans le langage courant, le crépuscule, du latin *crepusculum* qui signifie petite obscurité, est ce moment qui succède au coucher du soleil. C'est le moment où la nature va se poser pour se mettre en repos. Au sens figuré, le crépuscule représente le déclin ou la fin de quelque chose.

Cycles immuables, aube et crépuscule, peuvent être comparés à la naissance et la mort. Quand bien même la nuit, tout semble immobile et silencieux, il se passe des choses que nous ne voyons pas forcément. Aube et crépuscule sont, selon moi, les moments de jonction entre le monde des vivants et celui des morts. Mon développement personnel me permet de comprendre que mort ne signifie pas néant. Je ne peux pas considérer la mort comme le « rien », le « vide ». Si l'on considère la multitude de signes reçus en provenance de l'Au-delà, comment peut-on associer la mort au néant puisque ces signes sont tout sauf du vide? Ces signes sont chargés en signification, en émotion, en amour.

Et les jours où l'on participe à une séance de médiumnité sont également des moments d'entre deux. En période de préparation, lorsque l'on fait le vide dans notre esprit et que l'on monte vers nos Esprits Instructeurs, nous nous mettons dans un espace à mi-chemin entre le monde des vivants et celui des défunts. A nouveau, la demande de protection est primordiale car, au même titre que dans le monde des vivants, des esprits peuvent être mal intentionnés et malveillants. La prudence est de mise.

Encore une fois, chacun est libre d'interpréter la mort comme il le souhaite. Le mystère éternel de la mort ne nous permettra probablement jamais d'en avoir une certitude absolue. C'est finalement une question de foi et d'envie personnelle.

Ai-je envie de croire qu'il n'y a plus rien après la vie, que ma vie présente n'a donc aucun sens puisqu'elle mène au néant et que je n'ai aucun espoir de revoir, sous une autre forme, la famille et les amis que j'ai chéris dans ma vie ?

Où ai-je plutôt envie de croire à la survivance de l'âme sous une autre forme et ainsi émettre l'hypothèse d'un retour, de retrouvailles possibles avec les gens que j'ai aimés?

Aimer, c'est espérer. Quand on aime vraiment, du fond du cœur, comment ne peut-on avoir envie de retrouver ses êtres chers ? Le pessimisme pour éviter la déception ou l'optimisme pour cultiver l'espoir de retrouvailles ? A chacun de faire son choix. Le mien est fait depuis bien longtemps.

Les rêves

Les rêves que l'on fait la nuit sont bien souvent des messages que nous envoie l'Au-delà. Leur interprétation reste complexe et ils méritent qu'on s'y attarde un minimum. Depuis tout petit, j'ai souvent fait des rêves qui me semblaient absurdes, remplis de situations incongrues, avec des lieux connus, des endroits totalement étrangers, des amis, de la famille, des êtres toujours présents, d'autres disparus, des inconnus, des vedettes de cinéma et de la chanson…

Je ne saurais que conseiller de garder sur sa table de chevet un petit cahier ou un carnet avec un stylo. C'est important d'écrire son rêve au plus vite car le rêve est très vite oublié une fois que l'on est réveillé. Tout comme c'est très important d'essayer de se rappeler des petits détails et des ressentis perçus durant le rêve. Des petits détails qui semblent insignifiants peuvent avoir leur importance.

Quand on détecte dans son rêve des notions d'espace, de haut/bas, monter ou descendre un escalier, une échelle, voler vers le haut ou atterrir... ces éléments font en majeure partie référence à notre évolution spirituelle.

Si l'on rêve d'un moyen de locomotion, ce dernier peut alors symboliser notre corps et le stade d'évolution de l'âme qu'il contient. Plus le moyen de locomotion est important (en taille), plus votre évolution spirituelle est grande. Quand on commence son développement personnel, on va peut-être rêver d'un tricycle. Si notre développement est déjà avancé, on pourra voir une voiture, un bateau, un avion ou pourquoi pas une fusée.

Les rêves sont parfois prémonitoires mais on ne le sait pas forcément sur le moment...

Dans la nuit du 06 au 07 octobre 2017, je rêve que je participe à une fête en plein air. Il fait très beau, je peux voir beaucoup de verdure. Je perçois beaucoup de monde présents à cette fête, beaucoup d'inconnus. Il s'agit en fait d'un barbecue géant. Non loin de moi, à 4 ou 5 mètres de distance, des personnes s'affairent devant les grills des barbecues géants et je remarque la présence de ma mère. Elle retourne une grande viande sur le grill puis se tourne vers moi et me regarde. Je vois soudain surgir 4 flammes derrière sa tête, vives et intenses. Je sens que ces 4 flammes sont un signe d'urgence qu'on m'envoie. Je pressens une catastrophe imminente. Brusquement, un jeune homme avec le bras en feu passe devant moi en courant. Il appelle « Au secours ! ». Je trouve une couverture, l'attrape au vol et plaque le jeune par terre, sous la couverture et je lui conseille de ne pas bouger. Puis je vois un autre homme, la tête et le bras en feu, détalant désespérément, dans tous les sens.

Dans la deuxième partie de mon rêve, je voyais l'esprit d'une infirmière, son fantôme (comme certains l'appelleraient). Elle porte la tenue typique des infirmières américaines des années 1950/1960, avec une petite coiffe blanche sur la tête, une petite blouse blanche. Je comprends d'emblée grâce à sa tenue qu'elle est américaine. Je la vois en noir et blanc et en 2D, comme la projection d'une image devant moi. Elle me parle mais aucun son ne sort de sa bouche, elle a l'air complètement perdu. Je ne me sens pas rassuré de voir cet esprit et je me souviens que j'essaie de me raisonner, me disant que je ne dois pas avoir peur, que c'est juste quelqu'un qui cherche à communiquer avec moi. Mon rêve se terminera comme ça.

Le lendemain, le 08 octobre 2017, des incendies monstres en Californie, aux Etats-Unis, ont ravagé presque 85000 hectares et ont fait 42 victimes.

Je ne raconte pas ce rêve avec l'espoir d'en récolter une gloire quelconque. Je veux simplement expliquer que les rêves sont parfois des messages d'évènements à venir et qu'ils permettent de se préparer à prier de tout son cœur pour ces âmes qui vont repartir de l'autre côté.

Dans de nombreux ouvrages traitant de la survivance de l'âme, beaucoup de personnes témoignent de rencontres qu'ils ont faites dans leurs rêves avec des membres défunts de leur famille. Des rêves qui leur semblent particulièrement réels, qui, souvent, font sens dans leur vie et sont porteurs de messages. Tout porte à croire que le rêve est un moyen pour les personnes qui nous ont quittés de revenir nous voir.

Le rêve peut sembler anodin quand on l'évoque au réveil et bien souvent, on se dit qu'on a beaucoup d'imagination pour avoir rêvé de choses si saugrenues. Mais qui est capable de contrôler ses rêves ? Le rêve en dit long sur soi, sur le chemin personnel qu'il reste à parcourir et c'est en cela qu'il est essentiel de s'y intéresser.

J'ai été en froid avec ma mère, au point d'avoir coupé définitivement les ponts avec elle pendant de nombreuses années.

Une nuit, j'ai rêvé que je l'aidais à déménager. Elle avait loué un camion qui faisait environ 5 à 6 mètres de hauteur. Je lui fais part de mon incompréhension et lui explique que nous avons toutes les chances de ne pas nous en sortir vivants si on utilise ce camion pour déménager. Soudain, je suis en train de conduire ce camion, ma mère est sur le siège passager. Je me rends compte qu'on roule vers un pont qui passe au-dessus de la route et je hurle à ma mère :

- *Mais on va se crasher, Mum ! On ne va pas y arriver, on passera jamais !*
- *Mais si, fais moi confiance…* », me répond-elle, très calme.

Le crash survient et je m'évanouis. Toujours en train de vivre mon rêve, je me réveille (dans mon rêve) et je vois ma sœur et d'autres personnes inconnues autour de moi, tous vêtus de noir, la mine déconfite et on m'annonce que ma mère est morte. A cette annonce, je ressens une tristesse comme jamais je n'en ai ressentie… Et, toujours dans mon rêve, je me mets à pleurer, à pleurer, encore et encore... Je pleure et je me dis :

- *Maintenant, il est trop tard. Elle est morte et je ne pourrai jamais reprendre contact avec elle comme j'aurais dû le faire !*

J'avais conscience que j'avais laissé les années passer et creuser notre séparation. Lorsque je me réveille, je suis en larmes. Je pleure encore et encore. Alex mettra 20 minutes à faire en sorte que je me ressaisisse. Je ressens toujours cette tristesse et ce rêve est, pour moi, l'élément déclencheur qui me pousse alors à écrire une lettre à ma mère. Une lettre dans laquelle je lui ai ouvert mon cœur, j'ai mis les choses à plat tout en expliquant que je voulais tirer un trait sur le passé et surtout tourner la page pour qu'on puisse avancer ensemble, sans garder rancune des erreurs passées. Si je considérais ma mère coupable d'erreurs qu'elle a pu commettre, je me sentais coupable d'avoir creuser un tel fossé entre elle et moi. Qui suis-je pour juger de ses erreurs ? Qui suis-je pour penser que je suis irréprochable ?

Ce rêve m'a fait prendre conscience que je ne serais jamais heureux si je n'apprenais pas à pardonner. J'ai eu l'impression, quand j'ai pu reprendre une relation tout ce qu'il y a de plus normale avec ma mère, qu'on m'enlevait un énorme poids des épaules. On ne s'imagine pas à quel point le pardon est libérateur. Le pardon est une force qui solutionne nos problèmes d'égo et de fierté.

J'en ai eu la révélation lorsque j'ai vu le film *Le chemin du pardon*. C'est une adaptation cinématographique sortie en 2017 du roman *La Cabane* écrit par William Paul Young paru en 2007. On y retrouve, entre autres, l'acteur Sam Worthington qui jouait Jake Sully dans le film *Avatar* de James Cameron. Extrêmement touchant et même bouleversant, ce film donne à réfléchir sur l'importance du pardon. Il fait comprendre que nous ne sommes pas en droit de juger les autres. Il nous fait prendre conscience qu'il vaut mieux profiter du moment présent et se permettre d'aimer mieux. *Le chemin du pardon* permet de voir la vie autrement et de se sentir apaisé. Ce film ne se décrit pas, il se regarde et se ressent.

Les réseaux sociaux et le pouvoir des mots

Je me suis posé la question de l'utilité des réseaux sociaux dans notre monde actuel. S'ils sont de parfaits véhicules de communication, pratiques, rapides, ils peuvent également être destructeurs.

Quand on est dans le développement personnel, il est essentiel de ne plus juger l'autre. C'est plus facile à dire qu'à faire, j'en conviens. Or, à notre époque, beaucoup de gens ne peuvent s'empêcher de donner leur avis sur tout et n'importe quoi, qu'il soit positif ou négatif, pensant que leur opinion est essentielle aux yeux des autres. Les médias n'aident pas. Quand on regarde les émissions de télévision où l'on est constamment dans le jugement, dans la critique facile et gratuite !

Si la présence d'un jury permet aux personnes jugées de bénéficier de conseils de professionnels et de progresser par la suite, je suis pour. Et je dis bien de conseils, énoncés avec bienveillance et souci d'aider.

Combien d'émissions regorgent de jurés mal intentionnés, éructant et vociférant avec pour seuls objectifs de dézinguer le candidat et marquer les esprits pour faire de l'audimat ?

La méchanceté et même souvent la haine s'affichent régulièrement sur Twitter, Facebook ou Instagram, sans complexe, sans scrupule, sans aucune gêne. C'est sans doute une manière d'exister pour eux. Malheureux dans leur vie triste, monotone, étaler leur fiel et recevoir des dizaines, des centaines, des milliers de messages en retour leur permet de se sentir importants... Pas forcément de la bonne façon mais peu importe !

J'ai déjà eu moi-même beaucoup de mal à me taire, à ne pas réagir en lisant des propos racistes, antisémites, homophobes, haineux... Et souvent, ces commentaires provoquent en moi colère, rage, haine... La haine engendre la haine, le jugement provoque le jugement. Je suis en train d'apprendre à ne plus prêter attention à ce genre de choses. En leur prêtant attention, j'entretiens la persistance de cette haine, la pérennité de la colère, l'enchaînement de pensées négatives. Cela peut être sans fin. Or, répondre à ce genre de commentaire par l'indifférence me semble être la meilleure façon de procéder. Les vieux dictons de nos grands-mères sont toujours d'actualité : « *On répond aux imbéciles par le silence* ». Parfois, on a beau essayer de garder son calme et expliquer les choses simplement avec bienveillance, peu importe ce qu'on dira, ces haineux ne veulent rien entendre. Ils sont convaincus que leur haine est légitime sans chercher à savoir si elle fera avancer le schmilblick.

Ces personnes sont certainement malheureuses dans leur vie pour passer leur temps à baver, à dégoiser sur tout sujet, sur tout le monde, à tourner en boucle dans la négativité.

Mais si elles réagissent comme ça, c'est souvent parce qu'elles ont peur et qu'elles sont tournées vers leur égo.

Mum prend souvent l'exemple d'une table rectangulaire, et me dit que nous commençons tous notre évolution au bord de cette table (à un point A) et que notre objectif est de rejoindre l'autre bout de la table (jusqu'au point B). Nous avons tous été à ce point A et c'est pour ça qu'il ne faut pas juger nos frères et sœurs. Quand nous avons affaire à des personnes aussi négatives et haineuses, à nous d'aider, si on le peut et s'ils le veulent, à les faire avancer en leur expliquant les choses de manière calme et avec la réelle intention de les aider. La notion d'intention est primordiale. L'intention est la volonté profonde que l'on a au fond du cœur, l'envie sincère ou la résolution que l'on prend d'agir et d'atteindre un objectif.

De nombreux artistes, les premiers concernés par la haine gratuite au quotidien de la part des haineux, des rageux ou des trolls comme on les appelle, expriment parfois leur ras le bol de ces comportements puérils et inconscients.

Kim Wilde par exemple, l'une de mes idoles (rebonjour les années 80), s'adresse à un « rageux » dans sa chanson *Cyber Nation War*. Elle le décrit comme une personne qui se sent protégée derrière son écran. Elle lui rappelle cependant que les mots qu'il emploie sont dangereux et ne sont pas toujours sans conséquence. Comment peut-il se regarder en face, comment parvient-il à dormir la nuit quand la haine qu'il a propagée a peut-être provoqué la mort ? La chanteuse exhorte à une prise de conscience en expliquant très clairement que les mots ont le pouvoir de tuer et que, par conséquent, ils font du haineux un meurtrier. Elle ajoute que le haineux est un lâche qui ne s'adresserait sûrement pas en ces termes face à la personne concernée. Enfin, elle conclut en disant que c'est avant tout parce qu'il a tellement de haine envers lui-même qu'il la propage autour de lui.

Pourtant, les réseaux sociaux et les médias peuvent être de formidables vecteurs d'actions bienveillantes. Ils peuvent être des accélérateurs pour faire connaitre des associations, des actions de bienfaisance par exemple. Mais on ne peut que constater que leur utilisation dans ce sens est beaucoup plus rare que pour véhiculer des jugements ignobles et sans intérêt. Ils peuvent également exercer une pression médiatique dans certains cas. Souvenons-nous de l'affaire des bébés nés sans bras dans la région de l'Ain. *Le Figaro* titre le 15/11/18 *« Le ministère [de la santé] veut clore la polémique »* après réalisations d'enquêtes plus ou moins vagues histoire d'atténuer la colère et l'inquiétude des personnes concernées. Puis, suite à la pression médiatique, le ministère relance l'enquête. Même Ségolène Royal déclare sur RTL que, concernant l'affaire des bébés nés sans bras, *« le gouvernement n'a pas été à la hauteur »*. L'utilité des réseaux sociaux et des médias est là : pointer du doigt les injustices, les révéler au grand jour pour faire évoluer dans le bon sens les situations inacceptables.

La violence verbale n'est pas uniquement pratiquée par les « haters » cachés derrière leurs écrans d'ordinateur. Que ce soit dans les réseaux sociaux, dans les médias télé, radio, il est à noter que la mode semble être à l'impertinence, à l'agressivité. Certains journalistes ne se privent pas d'être constamment dans le jugement, cherchent à faire dire à leurs interlocuteurs des choses que ces derniers ne pensent pas pour mieux les démolir par la suite. Incapables de laisser parler l'interlocuteur jusqu'au bout, le journaliste le coupe sans vergogne et enchaine sur une question dont il n'écoutera même pas la réponse. Pour être dans le coup, pour qu'on parle de soi, n'hésitons pas à tacler, à brutaliser, à secouer les interlocuteurs.

Il est beaucoup plus facile de faire de l'audience grâce à de la violence, de l'agressivité, de la condescendance qu'avec de l'amabilité, du respect et de l'écoute.

A nous de ne plus accorder de crédit à ce genre de comportement pour ne pas leur donner plus d'importance qu'ils n'en ont.

Les valeurs d'écoute, de respect de l'autre, de solidarité, d'humanité se perdent très facilement dans notre petit écran.

Quand on est dans la médiumnité, on se doit d'être dans l'altérité et la bienveillance. Si l'on veut se connaitre soi, on doit apprendre à connaitre les autres, les écouter et ne pas les juger. On peut ne pas être d'accord avec les autres tout en l'exprimant de manière calme et rationnelle.

Quand la télé, la radio, les sites web se doivent d'être éducatifs, formateurs et amener le téléspectateur à progresser, on remarque que beaucoup d'entre eux tendent à le faire régresser.

Aux téléspectateurs, aux auditeurs, donc, de bien choisir et de ne pas se laisser pervertir sous couvert de divertissement.

Tout est bon pour faire de l'audimat, quitte à perdre sa dignité et son humanité. J'ai envie de vous dire, si c'est ça être à la mode, alors je préfère être ringard et le rester.

De l'importance de s'informer

Pour évoluer spirituellement, je me suis questionné, je me suis informé, je me suis documenté, l'objectif majeur étant d'apprendre.

Il est évident qu'un intérêt pour le spirituel s'amplifie au fil des ans. Gagner en spiritualité donne un sens à sa vie et l'être humain l'a bien compris. Toutes les sources d'informations sont bonnes : livres, films, sites internet de vidéos...

De nombreux livres, anciens et modernes sont facilement accessibles et permettent de progresser dans sa spiritualité. Je parlerai en priorité de ce qui est, à mes yeux, la base du développement personnel et spirituel : *Le Livre des Esprits* d'Allan Kardec. Ce livre n'est, certes, pas toujours aisé à lire et à comprendre mais des efforts sont nécessaires si vous souhaitez progresser dans la compréhension du sens de la vie.

Si vous préférez lire des auteurs actuels et modernes, vous trouverez les écrits de personnes aux profils variés. Les auteurs peuvent être des médiums comme par exemple

Florence Hubert (*Quand la médiumnité s'impose*), Reynald Roussel (*Ce que les morts nous disent*), Patricia Darré (*Un souffle vers l'éternité*) et Geneviève Delpech (*Le don d'ailleurs*).

Ce peut être aussi des scientifiques comme le Docteur Jean-Jacques Charbonnier (*Les 7 bonnes raisons de croire à l'Au-delà*), le Docteur Raymond Moody (auteur du livre *La vie après la vie*, premier livre à se baser sur des statistiques concrètes d'expériences de mort imminente (communément appelées EMI ou NDE en anglais : *Near Death Experience*) et qui fait une synthèse des ressentis communs vécus par les « expérienceurs »), le Docteur Eben Alexander (auteur de *La preuve du paradis* qui a vécu une EMI et qui, au sortir de cette expérience, trouvera la preuve de l'existence de l'après-vie), le docteur Elisabeth Kübler-Ross (*La mort est un nouveau soleil*).

On trouve également des journalistes sérieux et investis tels que Stéphane Allix (*La mort n'est pas une terre étrangère*, *Le Test*, *Après...*). Ses « Enquêtes extraordinaires » sont menées avec la plus grande rigueur et sont véritablement passionnantes.

Ce qui est intéressant à noter, c'est que ces personnes sont, en majeure partie, des cartésiens purs et durs.

Si vous n'aimez pas lire, le cinéma est un bon moyen de s'informer. A l'aube des années 2000, par une froide mais belle journée ensoleillée, je sors du cinéma médusé. Je viens de voir un film qui me laisse un sacré message d'espoir. Il me fait prendre conscience que je suis seul responsable de mon bonheur ou de mon malheur, que les autres n'y sont pour rien. Il me fait prendre conscience que je n'ai pas à subir les évènements. Il me fait réaliser que, si quelque chose me déplaît dans ma vie, c'est à moi de faire en sorte d'adopter le bon comportement pour que la situation change en ma faveur. Ce film s'appelle *Oui, mais…* C'est une comédie avec Gérard Jugnot et Emilie Dequenne.

Emilie Dequenne joue le rôle d'Eglantine, jeune adolescente mal dans sa peau qui essaie, tant bien que mal, de construire, avec son premier petit copain sérieux, une belle histoire d'amour. Ses parents lui ont donné un piètre exemple de ce qu'est l'amour et elle ne souhaite pas reproduire les mêmes erreurs.

C'est un film drôle sur la relation à l'autre, sur les moyens qui nous permettent d'évoluer de façon positive dans la vie, malgré des antécédents familiaux pesants.

Pendant des années, je n'ai cessé de conseiller ce film autour de moi, que ce soit dans ma sphère privée ou professionnelle, particulièrement aux personnes que je sentais fragiles, malheureuses. Je le vois comme un remède pour ceux qui ont envie d'avancer de manière positive dans leur vie. D'une part, ce film est hilarant à regarder mais aussi très touchant. Il est des films qui font du bien à la vie, *Oui, mais...* en fait partie.

Le film *Nosso Lar – Notre demeure* est l'histoire de la vie après la mort du docteur André Luiz dans la cité spirituelle de Nosso Lar. Il a été réalisé en 2010 et c'est une adaptation du livre de Chico Xavier publié en 1944. Ce film est un bijou qui permet de comprendre simplement ce qu'il advient quand on passe de l'autre côté du voile.

Livres, films, vidéos disponibles gratuitement sur internet... Il existe tant de moyens variés de s'informer. Rester prudent et faire le tri est indispensable. Mais prendre ce que l'on a envie de prendre, se laisser guider par sa petite voix intérieure.

Je conclurai par une phrase prononcée par Robin Williams dans le film *L'éveil* de Penny Marshall, sorti en 1990, dans lequel il déclare :

« L'esprit humain est plus puissant que toutes les drogues. […] Et c'est cet esprit que nous devons nourrir par le travail, par le rire, par l'amitié, par la famille… C'est ça qui est important… On oublie trop ces choses… simples et essentielles… ».

Robin Williams, « L'éveil »

Epilogue

Les progrès scientifiques nous permettront-ils un jour de découvrir le secret de l'après-vie? Peut-être est-ce voulu qu'on reste dans l'ignorance. Quel but à tout ceci?

Chacun est libre de penser ce qu'il souhaite sur l'après-vie.

Ceux qui ne croient pas qu'il y ait quelque chose après la mort, je les respecte. Moi-même, j'ai cru, à une époque, que tout cela ne rimait à rien puisque nous arriverions à la même fin... si l'on considère que c'est une fin ! Ce peut être, effectivement, une manière de profiter de l'instant présent et tout faire pour vivre des moments de bonheur avec ceux qu'on aime. Mais c'est souvent une manière de s'autoriser à mener sa vie comme on l'entend et faire tout ce qui nous passe par la tête au détriment des autres...

Les suspicieux, je les respecte car moi-même, il m'arrive encore, de temps à autre, de douter et de me demander si tout ce que j'ai vécu n'est pas juste une série de coïncidences bienheureuses...

Puis je me reprends en pensant aux constellations... Je revois l'oiseau qui est venu taper dans ma fenêtre... Je me remémore mon chat noir qui a vomi à 4h40 du matin... Ce ne sont que des faits que j'ai exposés le plus fidèlement possible, tels qu'ils se sont passés. Je ne peux plus dire : « Je suis comme Saint-Thomas, je ne crois que ce que je vois ! ». Cet oiseau, je l'ai vu taper dans ma fenêtre, mon chat, je l'ai entendu vomir à 4h40 du matin, les constellations, je les ai vues et Alex également.

Le matin du 14 février 2018, j'ai demandé à mon guide et mes bons esprits s'ils pouvaient m'envoyer un signe dans la journée pour me témoigner de leur présence.

Le signe n'est pas instantané. Mais la singularité de l'évènement ne peut que me confirmer qu'il s'agit bien d'un signe. Et ce jour-là, ils ont frappé fort !

Le soir même, alors que je rentre du travail, j'ai branché le Bluetooth dans la voiture et je suis en ligne avec ma mère... Je vois à une dizaine de mètres devant moi sur la route débouler une biche, puis deux... puis trois, puis quatre... cinq biches en tout sont passées devant mon nez... Je n'en reviens pas.

Cinq biches d'un coup! Je ne les avais même pas remarquées courir dans le champ sur ma gauche pendant que je roulais.

J'ai demandé un signe, je l'ai reçu ! C'est par la nature que l'Au-delà va se faire comprendre. Nous faisons partie de cette nature. A nous de savoir détecter les réponses à nos questions. J'avais fait une demande le matin même, avant la fin de la journée je recevais ma réponse.

Les vidéos de médium sont légion sur le net. Les charlatans existeront toujours et il faut sans cesse rester dans la prudence et le discernement. Mais quand le médium donne des détails sur le défunt que seul l'interlocuteur connait, comment peut-on douter de l'honnêteté de ce médium ? Il n'y a rien de pire pour une maman que de perdre son enfant. Que penser de ce médium qui donne à la maman éplorée l'exact sobriquet que son enfant lui donnait du temps de son vivant ? On pourra toujours se demander si cette maman n'a pas transmis cette information par télépathie au médium. Mais jusqu'où doit-on aller dans la suspicion ? Parfois, le médium parle d'une information très précise à son interlocuteur qui ne connait pas cette information. Lorsque ce dernier en parle dans sa famille, il obtient alors la confirmation de cette information. Dans des cas comme ça, on ne peut pas parler de télépathie.

Lorsque je vois par exemple les vidéos sur Youtube de Bruno, le Médium-Messager, qui donne autant de détails dans ses rencontres avec les gens, comment peut-on douter de sa bonne foi ? Mon souhait n'est pas de rallier quiconque à ma cause. Je n'ai pas l'intention de convaincre qui que ce soit de quoi que ce soit. Mais si mon histoire donne un petit espoir que quelque chose existe après la mort, alors peut-être cela peut permettre de vivre mieux et plus sereinement sa vie présente et en cela, j'aurais rempli ma mission. Prendre sa vie en main. Avoir confiance en soi et avancer dans sa vie de la plus belle façon qui soit : pleinement, avec spontanéité, avec positivité et l'envie constante d'être dans l'aide à autrui, dans la bienveillance et l'amour du prochain.

En poursuivant notre vie sur terre, nous avons tout à gagner à oser et réaliser les choses qu'on a envie d'accomplir. Dans le respect et la bienveillance envers autrui.

C'est nous-mêmes qui nous mettons des barrières. Tout est possible quand on garde le cœur et l'esprit ouverts. Le monde de l'Au-Delà ne demande qu'à nous aider. Nos êtres chers disparus ne le sont pas totalement puisqu'ils nous envoient des preuves de leur présence bienveillante. Nos Guides, nos Anges Gardiens, nos Esprits Instructeurs se font un plaisir de nous montrer la voie à suivre.

Travailler son développement intérieur est comme entretenir un jardin : la méchanceté, le jugement, l'égoïsme et l'égo sont des mauvaises herbes, envahissantes qui pullulent inexorablement quand la gentillesse, la bienveillance, l'humanité et la générosité sont des fleurs ardues à faire pousser mais leur beauté vaut toutes les peines du monde.

Soyons attentifs aux signes, sachons rester à l'écoute de nos guides et recevoir leurs précieux conseils.

Ayons confiance et surtout, apprenons à ne plus avoir peur du contact avec Eux, à ne plus craindre la mort. La mort n'est pas une fin en soi, elle est le début d'autre chose. Au crépuscule succède l'aube…

Table

Préface	07
Souvenirs d'enfance	15
Un teenager des 80's	29
La rencontre de ma vie	37
Destin et constellations, les premiers signes	49
Ma mère et la révélation…	59
Carole et ses messages	69
Les signes, c'est de famille…	81
La petite voix ou quand l'invisible me conseille	93
Des manifestations physiques	103
Des signes de mon père	109
Comment se déroule une séance de médiumnité	121
Une séance exceptionnelle	127
Une décorporation	133

L'entre-deux 137

Les rêves 145

Les réseaux sociaux et le pouvoir des mots 153

De l'importance de s'informer 161

Epilogue 167

Ce que c'est que la mort (Victor Hugo) 175

Ce que c'est que la mort

Ne dites pas : mourir ; dites : naître. Croyez.
On voit ce que je vois et ce que vous voyez ;
On est l'homme mauvais que je suis, que vous êtes ;
On se rue aux plaisirs, aux tourbillons, aux fêtes ;
On tâche d'oublier le bas, la fin, l'écueil,
La sombre égalité du mal et du cercueil ;
Quoique le plus petit vaille le plus prospère ;
Car tous les hommes sont les fils du même père ;
Ils sont la même larme et sortent du même œil.
On vit, usant ses jours à se remplir d'orgueil ;
On marche, on court, on rêve, on souffre, on penche, on tombe,
On monte. Quelle est donc cette aube ? C'est la tombe.
Où suis-je ? Dans la mort. Viens ! Un vent inconnu
Vous jette au seuil des cieux. On tremble ; on se voit nu,
Impur, hideux, noué des mille nœuds funèbres
De ses torts, de ses maux honteux, de ses ténèbres ;
Et soudain on entend quelqu'un dans l'infini
Qui chante, et par quelqu'un on sent qu'on est béni,
Sans voir la main d'où tombe à notre âme méchante
L'amour, et sans savoir quelle est la voix qui chante.
On arrive homme, deuil, glaçon, neige ; on se sent
Fondre et vivre ; et, d'extase et d'azur s'emplissant,
Tout notre être frémit de la défaite étrange
Du monstre qui devient dans la lumière un ange.

Victor Hugo (1802 – 1885)

Les contemplations

Si vous souhaitez me contacter :
christophebresnel@gmail.com